T0107943

QU'EST-CE QU'UNE
PENSÉE SINGULIÈRE ?

COMITÉ ÉDITORIAL

Christian BERNER

Magali BESSONE

Paul CLAVIER

Paul MATHIAS

Roger POUIVET

CHEMINS PHILOSOPHIQUES

Collection dirigée par Magali BESSONE et Roger POUIVET

Ludovic SOUTIF

QU'EST-CE QU'UNE
PENSÉE SINGULIÈRE ?

PARIS

LIBRAIRIE PHILOSOPHIQUE J. VRIN

6 place de la Sorbonne, V e

2021

Les recherches qui ont abouti à la rédaction de ce livre ont bénéficié du concours financier du *Conselho Nacional de Desenvolvimento Científico e Tecnológico* (CNPq, Brésil) via l'octroi de bourses de productivité en recherche (n°305526/2014-6 et 312815/2017-4) et de la *Coordenação de Aperfeiçoamento de Pessoal de Nível Superior* (CAPES, Brésil).

K. Bach, *Thought and Reference*, Oxford, Clarendon Press, 1994.
© Kent Bach 1987. Translated with permission
of Oxford University Press

B. Russell, *Mysticisme et logique*, trad. fr. sous la dir. de D. Vernant
© Paris, Vrin, 2007

L'éditeur s'est employé à identifier tous les détenteurs de droits.
Il s'efforcera de rectifier, dès que possible, toute omission
qu'il aurait involontairement commise.

En application du Code de la Propriété Intellectuelle et notamment de ses articles L. 122-4, L. 122-5 et L. 335-2, toute représentation ou reproduction intégrale ou partielle faite sans le consentement de l'auteur ou de ses ayants droit ou ayants cause est illicite. Une telle représentation ou reproduction constituerait un délit de contrefaçon, puni de deux ans d'emprisonnement et de 150 000 euros d'amende.

Ne sont autorisées que les copies ou reproductions strictement réservées à l'usage privé du copiste et non destinées à une utilisation collective, ainsi que les analyses et courtes citations, sous réserve que soient indiqués clairement le nom de l'auteur et la source.

© *Librairie Philosophique J. VRIN*, 2021
Imprimé en France
ISSN 1762-7184
ISBN 978-2-7116-2793-6
www.vrin.fr

QU'EST-CE QU'UNE PENSÉE SINGULIÈRE ?

On assiste depuis quelques années en philosophie du langage, de la logique et de l'esprit à la résurgence d'un débat sur la nature de nos pensées sur le monde. Deux questions, en particulier, sont au cœur de ce débat : 1) Parmi toutes celles que nous avons ou sommes susceptibles d'avoir, certaines sont-elles singulières ? 2) Si oui, à quoi tient leur singularité ?

La réponse à la première question tombe apparemment sous le sens. Qui peut raisonnablement douter que nous soyons capables d'exprimer au moyen de termes comme « cet homme » (utilisé démonstrativement) ou « Jair Bolsonaro » des pensées portant au moins en partie sur les personnes particulières auxquelles ces termes réfèrent ; des pensées singulières, donc ? Le caractère obvie de la réponse peut cependant être un leurre. Elle présuppose qu'il existe une façon philosophiquement intéressante de répondre à la question indépendante de toute enquête sur la nature des mécanismes sémantiques et cognitifs impliqués dans la désignation de particuliers par des termes singuliers ; indépendante aussi de toute enquête sur la forme des comptes rendus d'attribution d'attitude à une tierce personne (« S pense/croit/désire/espère…que p »). C'est pourtant loin d'être le cas.

Certains auteurs soutiennent que les expressions de la forme « ce F » ne sont pas des termes singuliers, mais des termes dont la contribution sémantique est celle d'expressions quantifiées comme « tout F » ou « quelque F »[1]. Ce genre d'approche a l'avantage de proposer un traitement unifié des démonstratifs complexes en tenant compte des cas où ils ne sont manifestement *pas* utilisés pour référer à des particuliers – comme dans : « *cet étudiant* qui a obtenu la meilleure note au concours doit être un génie ». Si l'on tient compte, en outre, de la possibilité d'interpréter la contribution sémantique des noms propres comme étant celle de prédicats ou, tout au moins, de termes généraux comme « chat » ou « homme », répondre affirmativement à la première question est en réalité tout sauf trivial puisque les mêmes énoncés peuvent être entendus comme exprimant des pensées générales portant exclusivement sur des propriétés[2]. Tout dépend au fond de ce que l'on estime être la théorie la plus apte à expliquer le comportement sémantique des expressions dans la diversité de leurs usages attestés.

---

1. J. King, par exemple, soutient cette position dans *Complex Demonstratives : A Quantificational Account*, Cambridge (MA), The MIT Press, 2001.

2. La conception prédicative des noms propres remonte historiquement à Russell et Quine. T. Burge en propose une version modifiée dans « Reference and Proper Names », *The Journal of Philosophy*, vol. 70, n° 14, 1973, p. 425-439. D'après lui, les noms propres sont d'authentiques prédicats (indexicalisés) et non pas, comme le soutenait Russell, de simples abréviations de prédicats (descriptions). Une autre version du prédicativisme en matière d'occurrences nues (*bare occurrences*) de noms propres, appelée « prédicativisme-"le (a)" (*"The"-predicativism*) », est aujourd'hui défendue contre la conception référentialiste orthodoxe par des auteurs comme P. Elbourne, O. Matushansky et D. G. Fara.

Le même constat s'impose pour certains comptes rendus d'attitudes : il n'y a pas de réponse philosophiquement intéressante à la question sans examen de leur forme (logique) et sans théorie du comportement sémantique des expressions dans ce genre de contexte. Un compte-rendu du type : « Camilo désire qu'une femme le prenne pour époux » peut être entendu soit comme attribuant à Camilo le désir de se marier avec quelque femme, soit – ce qui paraît plus probable – comme lui attribuant le désir de se marier avec une certaine femme. Tant qu'aucune information n'est disponible sur la forme logique du compte-rendu, aucune réponse univoque (positive ou négative) ne peut être donnée pour ce genre de cas. Et à supposer que la lecture pertinente soit celle où un désir singulier lui est attribué – comme dans : « une femme est telle que Camilo désire qu'elle le prenne pour époux », rien ne dit qu'il existe une interprétation sémantique cohérente du compte rendu entendu sous cette forme – *de re* [1].

J'ai parlé d'une « résurgence » du débat parce que celui-ci n'a pas attendu ces dix dernières années, avec la publication d'un nombre croissant d'articles et de livres sur le sujet, pour être lancé [2]. On peut considérer qu'il a commencé à partir du moment où certains philosophes se sont penchés sur l'interprétation sémantique *correcte*

---

1. Voir, sur ce point, W. O. Quine, « Quantifiers and Propositional Attitudes », *The Journal of Philosophy*, vol. 53, n° 5, 1956, p. 177-187. Les comptes rendus *de re* (par opposition à *de dicto*) sont ceux dont la forme laisse clairement transparaître que l'attitude attribuée porte au moins en partie sur la chose (*res*)-cible de l'attitude.

2. Deux jalons importants ont été la publication en 2010 et 2020 aux éditions de l'Université d'Oxford de deux recueils d'essais intitulés respectivement *New Essays on Singular Thought* et *Singular Thought and Mental Files*.

des énoncés et comptes rendus du type de ceux donnés plus haut en exemple. À cet égard, la contribution de Russell semble avoir été décisive puisqu'il est le premier à avoir contesté l'inclusion des descriptions définies dans la catégorie des termes singuliers; ouvrant ainsi la voie au contraste, fondamental pour une théorie de la nature des pensées, entre propositions singulières et générales. S'agissant des comptes rendus d'attitudes, on mentionnera les contributions de Burge et de Bach dans le sillage du débat entre Quine et Kaplan sur le problème de la quantification en contextes de croyance et autres attitudes propositionnelles [1].

D'un autre côté, une approche purement sémantique a peu de chance de fournir une réponse satisfaisante à la seconde question, d'une part, parce que des conditions épistémiques sont souvent associées au contraste entre pensées singulières (*de re*) et générales (*de dicto*) et, d'autre part, parce qu'il paraît difficile de faire l'économie d'une théorie cognitive des représentations mentales impliquées dans le fait de penser singulièrement à un « objet » – au sens large, incluant les personnes, lieux, moments et processus. Si je demande à un chauffeur de taxi de me déposer à un endroit précis de la ville en lui montrant un emplacement sur une carte, je lui donne intuitivement une tâche cognitive à réaliser qui mobilise certaines manières de se représenter mentalement l'endroit en question. La question qui se pose, dès lors, est de savoir à quoi tient la

---

1. Les textes de référence sont, outre l'article de Quine précité, D. Kaplan, « Quantifying In », *Synthese*, vol. 19, n° 1-2, 1968, p. 178-214 ; T. Burge, « Belief *De Re* », *The Journal of Philosophy*, vol. 74, n° 6, 1977, p. 338-362 ; K. Bach, *Thought and Reference*, Oxford, Clarendon Press, 1994.

singularité des représentations mentales mobilisées pour la réalisation de ce genre de tâche.

Mon tour d'horizon des principales théories sémantiques, épistémiques et cognitives sur le sujet et des concepts de pensée singulière qu'elles mettent en jeu épousera dans l'ensemble cette trajectoire. Je commencerai par présenter et évaluer les stratégies sémantiques les plus connues de défense de la thèse singulariste – *i.e.* de réponse à la première question par l'affirmative. Toutes, ou presque, acceptent la définition classique des pensées singulières comme attitudes (ou épisodes) ayant pour contenu des propositions singulières [1]. Toutes n'acceptent pas, cependant, l'idée que le contenu des attitudes singulières (ou *de re*) se résumerait à la proposition singulière exprimée par l'énoncé singulier correspondant, ne serait-ce que parce que la même proposition singulière peut être contemplée sans contradiction sous des perspectives linguistiques et psychologiques différentes. Je soutiendrai qu'une défense de la thèse singulariste qui satisfasse cette contrainte est préférable, mais que cela nous laisse le choix entre plusieurs options théoriques. Il restera alors à les comparer pour voir quelle est la plus avantageuse et à expliciter le concept de pensée singulière qui la sous-tend. Une autre stratégie consiste à souligner la nécessité pour le sujet de satisfaire certaines contraintes épistémiques, comme par exemple celle d'être en accointance avec l'objet de sa pensée. Dans la section 5, je présente et discute certains arguments en faveur et contre la nécessité de telles contraintes. Enfin, puisqu'une théorie de la pensée singulière doit aussi être, intuitivement, une

---

1. T. Burge et K. Bach sont des exceptions notables. Voir mon commentaire du texte 2.

théorie cognitive de la singularité des représentations mentales, j'exposerai et discuterai la version la plus populaire aujourd'hui en philosophie de l'esprit de ce genre de théorie : la théorie des fichiers mentaux.

SINGULARITÉ DU CONTENU

Une distinction restée jusqu'ici implicite est celle entre deux sens du mot « pensée ». L'on peut désigner par-là un certain *épisode* au sens large de l'occurrence d'un événement dans la vie mentale du sujet ou, alternativement, cela même qui est pensé, le contenu de pensée généralement exprimé par l'énonciation d'une phrase déclarative autonome (*e.g.* « Hume est un grand philosophe ») ou dotée d'une structure plus complexe dans laquelle la phrase précédente est enchâssée (*e.g.* « Kant pense que Hume est un grand philosophe »). Dans ce dernier cas, il faut encore distinguer l'épisode ou attitude attribuée du contenu visé par cette attitude. Seule la complétive introduite par « que » exprime en toute rigueur la pensée (de Kant) au sens du contenu de (sa) pensée. Cette seconde acception correspond au sens dans lequel Frege, notamment, utilise le mot en lui conférant une signification sémantico-métaphysique particulière [1]. La pensée en ce dernier sens, ayant notamment pour propriété de pouvoir être évaluée comme vraie ou fausse en rapport à un état de choses donné, est couramment identifiée à la *proposition* exprimée par la phrase déclarative autonome ou enchâssée correspondante. « Il y a alors un sens », comme le rappelle Crane [2], « dans

---

1. Voir l'essai intitulé « La pensée », dans G. Frege, *Écrits logiques et philosophiques*, trad. fr. C. Imbert, Paris, Seuil, 1971.
2. « I – The Singularity of Singular Thought », *Aristotelian Society Supplementary Volume*, LXXXV, n°1, p. 22.

lequel les propositions sont des pensées » et, pourrait-on ajouter, les pensées des propositions.

Cette identification permet de comprendre ce qui motive en partie les stratégies milliennes classiques de défense de la thèse singulariste [1]. La manière la plus courante de le faire en sémantique philosophique est d'opérer au sein de l'espace cognitif des pensées une démarcation entre deux espèces d'épisodes mentaux (généraux vs. singuliers) par le biais d'une démarcation entre deux espèces de contenus sémantiques visés par ces épisodes. Ce genre de stratégie postule qu'une pensée générale est simplement un épisode mental qui a pour contenu une proposition générale, c'est-à-dire une proposition composée exclusivement de propriétés ou relations, tandis qu'une pensée singulière est un épisode ayant pour contenu une proposition singulière, c'est-à-dire une proposition composée d'objets particuliers et de propriétés [2].

Cette stratégie, axée sur la nature et la structure du contenu sémantique des énoncés, n'est qu'une parmi d'autres possibles. L'on pourrait par exemple choisir

---

1. L'adjectif désigne une famille de stratégies contemporaines en partie inspirées des thèses de J. S. Mill (*Système de logique*, Bruxelles, Mardaga, 1995, I, 2, § 5) sur la sémantique des noms propres. Ce dernier soutient que les noms propres (à la différence des descriptions définies, par exemple) sont des termes singuliers *non-connotatifs* en ce sens que, même lorsqu'un attribut leur est associé, celui-ci ne joue aucun rôle dans la détermination de leur dénotation. Les théories milliennes en philosophie du langage contemporaine soutiennent que la signification (*i.e.* contribution sémantique) des noms propres est *épuisée* par leur porteur.

2. Sur la notion de proposition singulière ou « russellienne », on consultera l'article de G. Fitch et M. Nelson intitulé : « Singular Propositions », *The Stanford Encyclopedia of Philosophy (Fall 2014 Edition)*, E. N. Zalta (ed.), URL:http://plato.stanford.edu/archives/fall2014/entries/propositions-singular/

de concentrer son attention sur la forme (*i.e.* sur les propriétés syntaxiques partagées par une classe d'items linguistiques ou mentaux qui leur permettent d'accomplir leur fonction référentielle habituelle) plutôt que sur le contenu des énoncés et états psychologiques pour faire valoir la singularité de certains d'entre eux [1]. Elle se heurte, en outre, à des objections de principe qui en menacent la viabilité. Toujours est-il que c'est de loin celle qui a rencontré le plus de succès au point que la définition qui la sous-tend – une pensée singulière est, par définition, un état ou une attitude ayant pour contenu une proposition singulière – a fini par s'imposer comme *la* définition classique des pensées singulières.

Avant d'exposer l'une des objections à laquelle se heurte cette stratégie, je me propose de l'analyser plus en détail. Je me concentrerai sur le cas des contenus singuliers exprimés par des phrases déclaratives autonomes en laissant de côté celui, plus complexe, des contenus exprimés par des phrases déclaratives enchâssées [2].

Reprenons notre exemple de phrase déclarative autonome prononcée par Kant :

(1) Hume est un grand philosophe.

On distingue habituellement en (1) deux parties, ou plutôt, deux *positions* : celle du sujet, occupée par le nom propre « Hume », et celle du prédicat, occupée par l'expression conceptuelle « ξ est un grand philosophe ». D'après l'interprétation millienne classique, (1) exprime

---

1. Dans « On Singularity » (*in* R. Jeshion (ed.), *New Essays on Singular Thought*, Oxford, Oxford University Press, chap. 3), K. Taylor introduit ce genre de distinction.

2. J'aborde ce point plus bas dans la section du commentaire du texte 2 intitulée : « Forme logique des comptes rendus d'attitudes et états psychologiques incomplets ».

une proposition singulière si et seulement si l'expression qui figure en position de sujet (ici, « Hume ») est directement référentielle. Plus généralement, toute phrase close de la forme $R(t_1, t_2, ..., t_n)$ – où R symbolise un prédicat (monadique ou relationnel) quelconque et $t_1 ..., t_n$ une séquence de termes-sujets quelconques – proférée dans un certain contexte exprime conventionnellement une proposition, et partant, une pensée singulière si et seulement si $t_1, ..., t_n$ sont des termes *référentiels*. La proposition, par distinction d'avec la phrase, est ici classiquement conçue comme ce qui est dit par la phrase lorsque celle-ci est utilisée et est normalement identifiée à ses conditions de vérité.

Le critère de référentialité le plus souvent invoqué dans la littérature porte sur la nature de la contribution des expressions-sujets aux conditions de vérité de l'énoncé dans lequel elles figurent – les conditions de vérité de la phrase, ou *proposition*, étant elle-même(s) conçue(s) comme une certaine façon de représenter certains états de choses du monde. Si la contribution de certains membres de $t_1, t_2..., tn$ aux conditions de vérité de $R(t_1, t_2, ..., t_n)$ est épuisée par les objets particuliers du monde auxquels ils réfèrent, $t_1, t_2..., t_n$ est une séquence contenant des termes (directement) référentiels. Si, au contraire, les particuliers du monde auxquels ils réfèrent n'épuisent pas leur contribution aux conditions de vérité de la phrase close correspondante – si, par exemple, une autre relation que les relations de référence et de satisfaction de R (par la séquence de termes en question) est requise pour expliquer les circonstances dans lesquelles $R(t_1, t_2, ..., t_n)$ serait vraie, comme c'est le cas lorsque la relation de désignation est médiée par la satisfaction par l'objet désigné de propriétés qui lui sont associées, $t_1, t_2, ..., t_n$ est une séquence de termes non-référentiels et la proposition (pensée) exprimée une proposition (pensée) générale.

Une chose, cependant, est de disposer d'un critère de référentialité pour ce genre de contexte – référentiellement transparent, une autre de proposer un argument en faveur de la singularité du contenu propositionnel exprimé par (1) et, partant, de l'épisode psychologique correspondant. On pourrait en effet soutenir en adoptant ce critère que la contribution du nom propre « Hume » aux conditions de vérité de (1) ne se limite justement pas à l'individu particulier désigné, mais inclut certaines propriétés au moyen desquelles le porteur du nom est généralement identifié. Ce genre de thèse, non-millienne [1], sur la contribution sémantique des noms propres a notamment l'avantage de fournir une explication claire de la façon dont la référence du nom est déterminée en l'absence de toute relation cognitive immédiate du locuteur avec le porteur du nom. À la question de savoir quel est le référent du nom propre « Hume », tout locuteur compétent autre que Hume ou non-contemporain du philosophe britannique pourra toujours répondre, d'après cette conception, quelque chose comme : « l'auteur du *Traité de la nature humaine* » ou « l'auteur de *l'Enquête sur l'entendement humain* » ou encore : « le philosophe britannique préféré de Kant », etc.

Supposons que ce soit le cas ; supposons, donc, que la contribution de « Hume » aux conditions de vérité de (1) inclue *e.g.* la propriété d'être l'auteur de *l'Enquête sur l'entendement humain*. Un bon test pour savoir si cette théorie est correcte est de voir si elle s'accorde avec nos intuitions concernant les propriétés modales des énoncés

---

1. Voir *supra*, p. 13, note 1.

dans lesquels figure respectivement le nom propre et la description définie [1].

Que prédit en effet la thèse descriptiviste (généraliste) relativement aux circonstances d'évaluation dans lesquelles *l'Enquête sur l'entendement humain* n'a pas été écrite par Hume ? On pourrait en effet imaginer que le cours des événements ne se soit pas tout à fait déroulé tel qu'il s'est déroulé et que, pour une raison ou pour une autre, Hume n'ait pas écrit *L'Enquête* [2]. La thèse descriptiviste prédit que « Hume » réfère en (1) à *qui que ce soit* satisfaisant dans ces circonstances-là la propriété d'être auteur de *l'Enquête* – à supposer, bien sûr, qu'elle soit satisfaite dans ce monde possible par un individu [3].

Cette prédiction s'accorde mal avec nos intuitions sur les propriétés modales des énoncés dans lesquels figurent respectivement le nom propre et la description définie. Intuitivement, il existe une différence entre les deux affirmations suivantes :

(2) Hume est l'auteur de l'*Enquête sur l'entendement humain*.

(3) L'auteur de l'*Enquête sur l'entendement humain* est l'auteur de l'*Enquête sur l'entendement humain*.

---

1. Ce qui suit est une reconstruction libre de l'argument modal de Kripke contre le descriptivisme en matière de noms propres dans *La logique des noms propres* (trad. fr. P. Jacob et F. Recanati, Paris, Minuit, 1982).
2. Ce scénario a du sens parce qu'être l'auteur de *l'Enquête* est une propriété que Hume aurait pu ne pas avoir (*i.e.* contingente).
3. Il existe différentes versions possibles de la thèse descriptiviste. Je ne considère ici que la version couramment attribuée à Frege et Russell – mais qui est en réalité une synthèse de leurs conceptions.

(2) est un énoncé contingent (*i.e.* vrai dans quelque monde possible); (3) est un énoncé nécessaire (*i.e.* vrai dans tous les mondes possibles). Or, si le partisan du descriptivisme a raison, il ne devrait pas y avoir de différence entre (2) et (3) parce que (3) est censé être une paraphrase de (2). Il y a pourtant une différence due au fait que (2) exprime une proposition singulière ou « russellienne » – la proposition composée de l'individu auquel réfère « Hume » et de la propriété *x est l'auteur de* l'Enquête – tandis que (3) exprime une proposition générale composée exclusivement de propriétés [1]. (2) exprime, en outre, une proposition singulière *contingente* parce que le nom propre « Hume » désigne rigidement (et directement) le particulier Hume dans tous les mondes possibles dans lesquels Hume existe et parce que Hume peut très bien dans certains mondes possibles ne pas avoir la propriété en question. (3) exprime, par contraste, une proposition générale *nécessaire*, car vraie dans tous les mondes possibles où un individu unique est dénoté non-rigidement par la description.

La présence d'une expression satisfaisant ce critère de référentialité, comme « Hume » en (1), semble être un indice fiable de la singularité des pensées exprimées; à supposer, bien entendu, que l'on adopte la définition

---

1. Kripke n'utilise pas lui-même cette terminologie. Mais, comme l'a bien montré celui qui est responsable de son introduction en sémantique philosophique – à savoir, D. Kaplan, la thèse de la rigidité des noms propres et l'argument modal de Kripke se laissent naturellement expliquer en ces termes. Voir, sur ce point, D. Kaplan, « Demonstratives », *in* J. Almog, J. Perry, H. Wettstein (eds.), *Themes from Kaplan*, Oxford, Oxford University Press, 1989, Préface et section IV; « Afterthoughts », *op. cit.*, p. 569-571.

classique des pensées singulières comme épisodes ayant pour contenu des propositions singulières.

L'OBJECTION DE LA VALEUR COGNITIVE

Cette stratégie de défense de la thèse singulariste se heurte néanmoins à une objection sémantique massive qui est celle de la différence de valeur cognitive de deux énoncés contenant des termes singuliers coréférentiels [1].

Considérons le couple d'affirmations d'identité suivant :

(4) Romain Gary est Romain Gary.

(5) Émile Ajar est Romain Gary.

Supposons que (4) et (5) soient vraies. Supposons, en outre, que les noms propres « Romain Gary » et « Émile Ajar » tels qu'ils figurent en (4) et (5) soient des termes singuliers authentiquement et directement référentiels. Si les partisans de la thèse singulariste ont raison ; autrement dit, s'il existe une espèce de pensées ayant pour contenu des propositions singulières et si (4) et (5) sont, pour les raisons que nous venons de voir, des exemples d'énoncés exprimant de telles propositions, il s'ensuit qu'il n'y a pas ou, tout au moins, ne devrait pas y avoir de différence entre (4) et (5) au point de vue du contenu sémantique exprimé. (4) et (5) expriment, d'après cette conception, le

---

1. Cette objection est connue dans la littérature sous le nom de *problème de Frege*. Elle est inspirée du problème de la différence de valeur cognitive d'affirmations d'identité posé par Frege au tout début de « Sens et dénotation », *op. cit*. Notons qu'elle peut également être formulée par triangulation pour des énoncés de la forme *Fa* et *Fb* où *a* et *b* sont des termes singuliers coréférentiels.

même contenu de pensée, la même proposition singulière composée de l'individu (particulier) auquel co-réfèrent les noms propres « Romain Gary » et « Émile Ajar » en leurs différentes occurrences en (4) et (5) et de la relation d'auto-identité (par hypothèse) instanciée par l'individu en question. Il n'y a même en toute rigueur qu'une seule proposition, et par conséquent, qu'une seule *pensée* singulière exprimée par (4) et (5) : la pensée que Romain Gary est identique à lui-même.

Cette prédiction des stratégies milliennes ne résiste toutefois pas à l'épreuve des faits puisqu'il existe intuitivement une importante différence entre (4) et (5). (4) n'a manifestement pas de valeur pour la connaissance comparable à celle de (5). Comme le souligne Frege, les énoncés de la forme $a = b$, dont (5) est cas particulier, « renferment bien souvent de très précieuses extensions de notre connaissance »[1] ; tandis que les énoncés de la forme $a = a$, dont (4) est un exemple, peuvent être considérés à bien des égards comme triviaux. La révélation, au moyen d'une énonciation affirmative de (5), du fait qu'Émile Ajar n'était en réalité autre que Romain Gary représente assurément un gain cognitif important pour l'histoire de la littérature. Plus généralement, certaines découvertes empiriques et scientifiques, comme la découverte par les Babyloniens – ou Pythagore, d'après Diogène Laërce – du fait que les corps célestes autrefois désignés par les noms « Hespérus » et « Phosphorus » sont en réalité un seul et même astre, Vénus, sont typiquement exprimées par des énoncés de la forme $a = b$. Par contraste, un énoncé de la forme $a = a$ n'a pas de valeur cognitive comparable, ne

---

1. G. Frege, « Sens et dénotation », dans *Écrits logiques et philosophiques*, *op. cit.*, trad. fr. Cl. Imbert (modifiée), p. 102.

serait-ce que parce qu'en comprenant et acceptant (4), on n'apprend rien qu'on ne sache en un sens déjà [1].

Il y a deux manières possibles d'expliquer le phénomène de la différence de valeur cognitive entre (4) et (5) et, plus généralement, entre énoncés de la forme $a = a$ et $a = b$: frégéenne et russellienne. La première s'appuie sur des considérations d'ordre logique. Frege considère que la nature de cette différence devrait être évidente pour toute personne possédant un minimum de connaissances en logique, en particulier pour toute personne consciente du fait que les énoncés de la forme $a = a$ sont des instances du principe d'auto-identité qui énonce que toute chose est identique à elle-même. (4) étant par hypothèse vraie, sa vérité ne dépend pas de ce qui se passe dans le monde, mais seulement du fait qu'elle instancie une loi logique qui vaut pour tout être quel qu'il soit. Rien d'autre n'est requis pour connaître la vérité d'une telle affirmation que la connaissance de quelque vérité maximalement générale de la logique, dont le principe d'auto-identité est un exemple. Dans le cas d'une affirmation d'identité de la forme $a = b$, dont (5) est un exemple, la situation est différente puisque quelque chose d'autre semble requis pour savoir que cet énoncé est vrai, à savoir ce que Frege appelle dans certains textes un « acte spécial de récognition (*eine besondere*

---

1. Ce postulat frégéen est contestable puisque certains énoncés de la forme $a = a$ non seulement peuvent étendre nos connaissances, mais exigent le même genre d'enquête empirique que ceux de la forme $a = b$ pour en établir la vérité. On peut penser à des énoncés du type : « Jésus est Jésus » où la première occurrence du nom propre réfère à la figure biblique et la seconde à la figure historique de Jésus. Il est toutefois nécessaire d'admettre la vérité de ce postulat pour pouvoir poser le problème.

Erkenntnisthat) » [1]. C'est, d'après lui, la nécessaire mobilisation de tels actes pour connaître la vérité d'affirmations telles que (5) qui explique leur différence de valeur cognitive d'avec (4).

Rien dans l'explication frégéenne ne fait appel à la notion intuitive d'information (ou contenu informatif) pour expliquer cette différence. Ce dernier type d'explication, largement majoritaire dans la littérature sur le problème de Frege, est caractéristique d'une approche russellienne du problème [2]. L'explication russellienne a le mérite d'être plus proche du sens commun que celle de Frege parce qu'elle ne fait pas appel à quelque principe logique que ce soit. Intuitivement, si l'on me dit que $a = b$ est vrai et si je sais déjà que $a = a$ l'est, le contenu informatif exprimé par le premier énoncé d'identité diffère de celui exprimé par le second parce que, dans le premier cas à la différence du second, j'apprends quelque chose sur le monde en prenant conscience de certains traits objectifs de celui-ci dont je n'avais pas conscience auparavant. Cette façon d'interpréter la différence de valeur cognitive entre (4) et (5) en termes de différence de valeur informative des deux énoncés s'appuie sur une explication de la valeur informative qui est typiquement celle de Russell : posséder un contenu informatif signifie, pour n'importe quelle phrase déclarative, dire comment se comportent les choses en vertu du fait

---

1. *Nachgelassene Schriften und Wissenschaftlicher Briefwechsel*, Bd. 2, Hamburg, Felix Meiner, 1976, p. 234. Voir aussi « Notes pour Ludwig Darmstaedter », dans G. Frege, *Écrits posthumes*, Nîmes, Chambon, 1994, p. 302.

2. Comme l'a montré W. Taschek dans « Frege's Puzzle, Sense, and Information Content », *Mind*, New Series, vol. 101, n° 404, 1992, p. 767-791.

que certains composants des états de choses du monde (propriétés, relations, mais surtout particuliers) sont des constituants directs de la proposition exprimée par la phrase [1]. Et une phrase déclarative n'est vraie que si ce qu'elle dit représente ces composants tels qu'ils sont effectivement agencés dans le monde. Puisque (4) est le genre d'affirmation dont la vérité ne dépend pas du fait que se produise ou non dans le monde quelque chose avec quoi son contenu sémantique devrait être en accord, il ne saurait avoir de valeur informative comparable à (5). Il y a bien en ce sens une différence de valeur *cognitive* entre les deux énoncés.

Partant, donc, de la prémisse que cette différence existe entre (4) et (5) et qu'elle implique une différence d'ordre sémantique entre les deux énoncés, la question qui se pose est de savoir si le singularisme a les moyens de l'expliquer. L'objection à laquelle se heurte cette stratégie de réponse (positive) à la question 1 dans sa version millienne classique est la suivante : il n'y a manifestement aucune différence dans le cadre d'une sémantique millienne entre (4) et (5) puisque les deux énoncés expriment la même proposition singulière (tautologique) composée de Romain Gary et de la relation d'auto-identité. Or, on ne peut nier que (4) et (5) diffèrent cognitivement. De deux choses l'une, donc : ou bien cette différence n'est pas de nature sémantique ; ou bien, si elle l'est, elle ne saurait de toute façon être expliquée par une éventuelle différence de valeur sémantique des expressions contenues par (4) et (5). Le singularisme dans sa version millienne au mieux se retrouve face à un

---

1. On reconnaît ici la notion de proposition singulière (russellienne) précédemment introduite.

dilemme, au pire est incapable d'expliquer ce qui doit l'être.

Une façon, semble-t-il, naturelle d'expliquer cette différence serait de le faire en posant au sein du contenu sémantique des traits qui en soient spécifiquement responsables. Cette solution est celle de Frege. Il explique la différence de valeur cognitive en question comme une différence de *sens* exprimés par (4) et (5), c'est-à-dire finalement de *pensées* exprimées par les deux énoncés [1]. Ainsi, bien que « Romain Gary » et « Émile Ajar » réfèrent à la même personne et bien que (4) et (5) soient vrais exactement dans les mêmes circonstances, ils n'ont pas la même valeur cognitive parce qu'ils expriment des contenus de pensée différents. (4) exprime, disons, la pensée tautologique que l'auteur des *Racines du ciel* est l'auteur des *Racines du ciel*, tandis que (5) exprime la pensée non tautologique que l'auteur de *La vie devant soi* est l'auteur des *Racines du ciel*.

Il arrive à Frege d'expliquer cette différence de sens en termes d'attitudes épistémiques antagoniques pouvant être adoptées sans contradiction à l'égard des deux affirmations par le même sujet [2]. Si un même sujet peut simultanément et sans contradiction accepter (4) et rejeter (5) ou accepter (4) tout en s'abstenant d'accepter (5), les deux énoncés expriment alors des contenus de pensée différents. Ce genre d'explication reste inaccessible au singularisme dans sa version millienne parce qu'elle requiert l'usage d'un critère d'individuation des contenus de pensée beaucoup plus fin que celui du

---

1. G. Frege, « Sens et dénotation », *op. cit.*, p. 103, 125-126.
2. Voir, par exemple, les lettres à Jourdain et à Russell de 1914 et du 28 décembre 1902 dans G. Frege, *Nachgelassene Schriften* (…), *op. cit.*, p. 128 et 236.

singularisme millien. Et c'est certainement un avantage important de la théorie frégéenne que de rendre possible ce genre d'explication. On peut toutefois se demander si cette exigence de la théorie frégéenne est compatible avec la thèse singulariste et si elle ne conduit pas, au contraire, à nier l'existence même de pensées singulières.

(4) et (5) n'ont pas, d'après Frege, la même valeur cognitive parce qu'ils expriment des pensées différentes, individuées par des sens (*Sinne*) différents. Mais comment ces sens doivent-ils eux-mêmes être conçus ? Frege ne répond pas directement à cette question. Il se contente de stipuler leur existence en employant des métaphores censées expliquer leur rôle sémantique et cognitif. D'après l'interprétation orthodoxe, les sens fregéens sont, ou plus exactement, contiennent des modes de présentation conçus, à leur tour, comme des représentations *conceptuelles* singulières du référent [1]. Le langage sert là encore de guide pour déterminer le genre d'entité non-linguistique dont il s'agit. Puisque dans la plupart des exemples donnés par Frege de sens (*Sinne*) de termes singuliers figurent des descriptions définies et puisque ce genre d'expression linguistique est considéré à son tour comme un indice fiable de la présence d'une représentation générale singularisante de la dénotation, les modes de présentation impliqués dans le mécanisme de référence des termes singuliers sont naturellement conçus comme des modes de présentation généraux qui individuent descriptivement la référence du terme singulier. D'après cette interprétation de la

1. Cette interprétation a fini par s'imposer comme l'interprétation orthodoxe de la notion frégéenne de sens sous l'influence notamment de Carnap, Church et Kaplan.

notion frégéenne de sens, (4) et (5) n'ont pas la même valeur cognitive parce qu'il expriment deux manières différentes et antagoniques de *concevoir* le référent de « Romain Gary » et d'« Émile Ajar » – l'un *via* le concept individuel (l')*auteur des* Racines du ciel, l'autre *via* le concept individuel (l')*auteur de* La vie devant soi. Toute représentation conceptuelle étant d'ordre général, fût-elle applicable en droit à un seul individu, la pensée dont elle est un composant est elle-même une pensée générale. Il n'y a donc pas, d'après cette conception, de pensée authentiquement singulière. Mais est-ce là la seule façon de répondre à l'objection de la valeur cognitive ?

Dans la prochaine section, je me propose de présenter et d'évaluer une stratégie visant à intégrer cette objection en la rendant compatible avec une réponse affirmative à la question 1.

THÉORIES DE LA BIFURCATION ET THÉORIES COMPOSITES

Il existe, en réalité, plus d'une façon de l'intégrer. Celle de Frege consiste à poser une unique entité, la pensée (*Gedanke*), porteuse à la fois de la différence de valeur cognitive et des valeurs de vérité des enoncés. Cette solution semble naturelle dans la mesure où, comme le souligne l'auteur, les contenus propositionnels (« pensées ») exprimé(e)s par des énonciations de phrases autonomes sont l'objet des attitudes en termes desquelles *peut* s'expliquer la différence de valeur cognitive entre (4) et (5) – à supposer bien sûr que l'on accepte l'idée frégéenne selon laquelle l'usage de verbes psychologiques comme « pense », « croit », « souhaite » dans des rapports d'attitude crée un contexte spécial dans lequel les phrases déclaratives enchâssées n'ont plus pour référence leur valeur de vérité mais la pensée normalement exprimée en l'absence de ces verbes [1]. Le prix à payer pour ce genre de solution est toutefois relativement élevé. Toute pensée sur un particulier étant médiée, d'après Frege, par une représentation conceptuelle qui l'individue complètement – par un « sens (*Sinn*) », selon l'interprétation orthodoxe – et ce sens étant, toujours d'après lui, l'objet des attitudes attribuées par des énoncés contenant des verbes psychologiques, il s'ensuit qu'il n'y a pas pour lui de pensées authentiquement singulières ou *de re* mais seulement des pensées générales ou *de dicto*. Ceci vaudrait même lorsque la détermination du référent par le sens s'effectue au plus près de la relation entretenue contextuellement par le sujet avec l'objet référé, comme dans le cas des énoncés contenant des indexicaux.

Une manière d'éviter cette conséquence fâcheuse pour la thèse singulariste sans pour autant renoncer à l'exigence frégéenne d'individualiser plus finement les pensées serait de rejeter le principe frégéen de l'unicité du porteur de la valeur cognitive et des valeurs de vérité. Les théories dites « de la bifurcation » rejettent explicitement ce principe [2]. Elles satisfont, certes, la contrainte de Frege en expliquant la différence de valeur cognitive comme une différence d'états cognitifs-causes de

---

1. Voir G. Frege, « Sens et dénotation », *op. cit.*, p. 112 *sq.*
2. J'emprunte cette expression à C. McGinn (« The Structure of Content », *in* A. Woodfield (ed.), *Thought and Object : Essays on Intentionality*, Oxford, Clarendon Press, 1982, p. 216) et E. Corazza et J. Dokic (*Penser en contexte : le phénomène de l'indexicalité*, Combas, Éditions de l'Éclat, 1993, p. 29 *sq.*).

certains comportements-types tout en maintenant l'idée que le contenu sémantique exprimé par (4) et (5) est la proposition singulière constituée en partie par l'individu auquel réfèrent les termes singuliers coréférentiels – tout en continuant, donc, de répondre affirmativement à la question 1.

Quels arguments militent en faveur de ces théories et, par extension, des théories composites de la pensée singulière ? [1]

L'argument le plus souvent avancé s'inspire de l'expérience de pensée des terres jumelles de Putnam [2]. Supposons qu'il existe une planète qualitativement identique à la nôtre – « jumelle », donc, au sens où les macro-propriétés observables des substances sur cette planète seraient qualitativement identiques à celles des substances sur la planète terre. Supposons, en outre, qu'existent respectivement sur Terre et sur Terre-Jumelle deux individus, $Oscar_1$ et $Oscar_2$, psychologiquement identiques en ce sens que tous les prédicats mentaux satisfaits par l'un le seraient également par l'autre indépendamment de toute relation à des éléments du milieu environnant. On peut supposer que tout ce qui passerait par la tête de l'un passerait par la tête de l'autre et que leurs comportements seraient, par conséquent, identiques en tant que résultats de certaines de leurs pensées. Supposons, à présent,

---

1. Les théories composites *sont* des théories de la bifurcation. Mais l'inverse n'est pas vrai puisque les théoriciens de la bifurcation n'ont pas nécessairement pour but d'élaborer une théorie de la pensée singulière.

2. H. Putnam, « The Meaning of "Meaning" », *Minnesota Studies in the Philosophy of Science*, vol. 7, 1975, p. 131-193. F. Recanati avance d'autres arguments dans *Direct Reference : From Language to Thought*, Oxford, Blackwell, 1993, chap. 11 et 12.

qu'Oscar$_1$ et Oscar$_2$ expriment tous les deux à un instant donné la pensée qu'*ici il fait froid* [1].

Intuitivement, il y a un sens du mot « pensée » d'après lequel il est possible d'affirmer qu'Oscar$_1$ et Oscar$_2$ expriment *la même pensée* et que cette pensée a la même valeur cognitive pour l'un et pour l'autre, comme l'indique le fait qu'ils seraient disposés réaliser le même type d'action sur leurs planètes respectives – à se vêtir plus chaudement, par exemple. Mais il existe une intuition tout aussi forte suivant laquelle les conditions de vérité des pensées exprimées par Oscar$_1$ et Oscar$_2$ sur leurs planètes respectives ne sont pas les mêmes et, par conséquent, un (autre) sens du mot « pensée » d'après lequel Oscar$_1$ et Oscar$_2$ expriment des pensées (au sens de contenus de pensée) différent(e)s. « Ici il fait froid », proféré par Oscar$_1$, est vrai si et seulement s'il fait froid sur Terre ; proféré par Oscar$_2$, il est vrai si et seulement s'il fait froid sur Terre-Jumelle. À supposer qu'il fasse froid au même moment sur les deux planètes et que nos jumeaux éprouvent (au même moment) les mêmes sensations thermiques, les conditions de vérité des phrases proférées seraient de toute façon différentes puisque l'une a Terre et l'autre Terre-Jumelle pour constituant. Les pensées sont différentes parce qu'individuées en partie par des particuliers différents.

On peut aussi imaginer le cas de figure inverse : la même pensée (proposition) singulière peut être exprimée par Oscar$_1$ et Oscar$_2$ tout en ayant des valeurs cognitives différentes pour l'un et pour l'autre. Supposons qu'Oscar$_2$, voulant décrire la situation thermique qu'il imagine être

1. Je reprends ici en l'adaptant un exemple de Recanati (*ibid.*, p. 194-195).

celle de la Terre au moment de l'énonciation, profère l'énoncé suivant : « là-bas il fait froid ». Intuitivement, « ici il fait froid », proféré par Oscar$_1$, et « là-bas il fait froid », prononcé par Oscar$_2$ en pointant du doigt vers la Terre, expriment la même proposition singulière constituée, entre autres choses, de l'objet Terre. Les deux énoncés sont vrais (ou faux) exactement dans les mêmes conditions : ils sont vrais si et seulement s'il fait froid sur Terre au moment de l'énonciation et faux s'il ne fait pas froid sur Terre au même moment. Oscar$_1$ et Oscar$_2$ partagent ici la même pensée singulière au sens du même contenu de pensée singulier. Cette pensée, par hypothèse unique, n'a pourtant pas nécessairement la même valeur cognitive pour l'un et pour l'autre. Oscar$_1$ serait toujours enclin, en proférant son énoncé, à se vêtir plus chaudement, tandis qu'Oscar$_2$, percevant intérieurement la différence entre un froid ressenti et imaginé, ne serait sans doute pas enclin à agir de la sorte. En ce sens purement psychologique du mot « pensée », pertinent pour l'explication du comportement, Oscar$_1$ et Oscar$_2$ expriment par leurs énoncés des pensées singulières différentes.

Ce genre d'argument peut être utilisé, nous l'avons vu, contre Frege et les néo-frégéens pour justifier le refus d'identifier le porteur des valeurs de vérité au porteur des valeurs cognitives et opérer ainsi une bifurcation entre les porteurs. Mais puisque les premiers sont identifiés par certains théoriciens de la bifurcation [1] aux contenus propositionnels exprimés et les derniers aux états psychologiques dirigés vers ces contenus, il paraît naturel

1. En particulier, par J. Perry dans « Frege on Demonstratives » et « the Problem of the Essential Indexical », *in* J. Perry, *The Problem of the Essential Indexical and Other Essays*, Stanford, CSLI Publications, 2000.

d'utiliser l'idée de bifurcation pour promouvoir une théorie de la pensée singulière (ou *de re*) qui la décompose en deux éléments ou facteurs distincts et indépendants : son contenu dit « étroit » ou purement mental qui, seul, est porteur de l'identité et de la différence des valeurs cognitives et est individualisé indépendamment de toute relation à des objets du monde environnant et son contenu dit « large » ou sémantique, porteur des valeurs de vérité et individué par sa relation à des états de choses actuels ou possibles du monde environnant – à supposer, bien sûr, que les énoncés correspondants contiennent des termes directement référentiels [1].

Je conclurai cette section par une série de remarques.

1. L'expérience de pensée que je viens d'exposer a quelque chose d'artificiel et relève, comme le note lui-même Putnam, davantage de la science-fiction que d'une description de situations « réelles ». Il est cependant facile d'imaginer des situations plus réalistes dans lesquelles nos intuitions à propos de la divergence entre valeur cognitive et conditions de vérité peuvent être expliquées de cette façon. Kaplan et Perry ont proposé et analysé divers exemples de ce type.

2. Le cas des pensées exprimées par des énoncés contenant des démonstratifs et autres indexicaux est décisif pour répondre affirmativement à la question 1 parce qu'on observe justement dans ce cas une possible bifurcation entre valeur cognitive de l'énoncé (pour celui ou celle qui le profère) et ce qui est dit par la

---

1. La théorie composite compte de nombreux avocats en dehors de Perry. J. Fodor, C. McGinn (dans l'article précité), K. Bach et F. Recanati (dans le livre précité) sont les plus connus. La distinction entre contenus « étroit » et « large » est héritée de celle introduite par Putnam entre états psychologiques « au sens étroit » et « au sens large » dans l'article précité.

phrase (*i.e.* la proposition singulière exprimée). Kaplan distingue deux espèces de signification pour toute expression linguistique : son « caractère » – à savoir, la règle d'obtention de sa valeur sémantique, formellement représentable comme une fonction de contextes à contenus – et son « contenu » ou valeur sémantique – formellement représentable comme une fonction de circonstances d'évaluation à extensions. Il lie, en outre, explicitement la valeur cognitive d'une expression à son caractère [1]. Mais, dans le cas des démonstratifs et indexicaux, cette distinction prend un tour plus « dramatique » parce que leur caractère n'est pas représentable comme une fonction *constante* de contextes à contenus. La détermination du contenu de l'énoncé étant dans ce cas sensible au contexte, il est tout à fait possible d'imaginer qu'un même caractère « retourne » deux contenus différents pour différents contextes, et inversement, qu'un même contenu (contextuellement déterminé) soit contemplé sous deux caractères différents. C'est exactement le genre de situation qu'illustrent l'expérience de pensée ci-dessus et celles, plus mondaines, imaginées par Kaplan et Perry.

3. Il n'y a apparemment qu'un pas de la théorie de la valeur sémantique et cognitive des expressions du langage public – en particulier, des indexicaux qui *sont* des outils publics de référence à des particuliers – à une théorie sémantique et cognitive de la *pensée* singulière. Mais la transition n'est pas aisée. Elle ne peut se faire qu'à un haut coût : en supposant, comme Perry, que le « rôle » – équivalent de la notion kaplanienne de caractère – d'une expression, qui est un mode de présentation *linguistique* de son référent, est en même temps ce

---

1. D. Kaplan, « Demonstratives », *op. cit.*, p. 500-507, 531.

qui permet d'individualiser plus finement les états psychologiques du sujet. Or, si l'on accepte l'équation rôle/caractère = sens frégéen, il semble difficile de rendre compte du fait que lorsque je m'attribue certains états en disant « *je* souffre », je ne pense pas à moi-même comme à l'auteur de l'énoncé – comme le stipule pourtant la règle d'obtention de la valeur sémantique de « je », mais bien à l'individu avec lequel j'entretiens au moment où je parle une relation spécifique et spéciale d'auto-identification non dérivable d'une règle sémantique constante et universelle [1].

SENS ET PENSÉES DÉPENDANTS DE L'OBJET

Une théorie qui parvienne à intégrer l'objection frégéenne de la valeur cognitive en satisfaisant la contrainte qu'elle exprime – à savoir, celle d'individuer plus finement les contenus exprimés par les énoncés singuliers correspondants – est certainement préférable à une théorie de la pensée singulière qui, ou bien refuse de la prendre en compte, ou bien tente de la désamorcer en montrant qu'elle repose sur une confusion conceptuelle entre le contenu sémantique exprimé et le contenu pragmatique communiqué [2]. A cet égard, les théories examinées dans la section précédente semblent mieux armées que les théories dites « naïves » d'inspiration russellienne. Elles partagent avec les théories néo-frégéennes le présupposé que le contenu plein et entier

---

1. Sur la nécessité de distinguer modes linguistique et psychologique de présentation, voir F. Recanati, *Direct Reference, op. cit.*, chap. 4.
2. Cette dernière stratégie est celle de N. Salmon dans *Frege's Puzzle*, Cambridge (MA), The MIT Press, 1986.

des attitudes singulières (*de re*) ne saurait se résumer au contenu singulier sémantiquement encodé par des énoncés comme (4) ou (5) parce que ces attitudes sont sensibles à certaines manières d'appréhender ce contenu ou, pour utiliser la terminologie de Frege, à certains modes (linguistiques et psychologiques) de présentation du référent. Il existe toutefois une différence de taille entre les théories composites et les théories néo-frégéennes : ces dernières font, dans la droite ligne de Frege, de ces modes de présentation des composants du contenu lui-même ; tandis que les premières considèrent qu'ils correspondent à un aspect de la signification des expressions (leur « rôle » ou « caractère ») et des attitudes correspondantes qu'il faut rigoureusement distinguer du contenu exprimé relativement à tel ou tel contexte d'énonciation. Les théories composites ont, de ce point de vue, l'avantage de préserver nos intuitions sur la singularité du contenu tout en préservant celles sur la sensibilité des attitudes attribuées à certaines manières de l'appréhender. On ne peut en dire autant, semble-t-il, des théories néo-frégéennes. En faisant des modes de présentation un élément du contenu sémantique, elles transforment au pire les pensées exprimées (ou attribuées) en pensées générales, au mieux en pensées quasi-singulières [1].

Il est pourtant clair que cette conséquence ne s'impose que si l'on accepte le postulat d'après lequel les sens sont, tels que les conçoit Frege, des représentations *générales* singularisantes du référent encodées linguistiquement

---

1. Les pensées « quasi-singulières » (comme les appelle S. Schiffer) sont des attitudes ayant pour objet des propositions quasi-singulières de la forme <<o, MP>, P> ; où « o » désigne un objet particulier, « MP » un mode de présentation formant une paire ordonnée avec celui-ci et « P » une propriété prédiquée de l'objet.

par des descriptions définies. C'est tout au moins ce que suppose l'interprétation descriptiviste orthodoxe. Or il semble que cette interprétation résulte, en réalité, d'une fusion de certains aspects de la théorie frégéenne du sens avec ceux de la théorie russellienne des descriptions définies sur la base de remarques ponctuelles de Frege sur les différentes façons possibles d'exprimer le sens d'une espèce particulière de termes singuliers : les noms propres [1]. De ce que Frege constate qu'il existe certaines fluctuations dans les langues vernaculaires quant au sens associé par chaque locuteur au nom propre utilisé – certains associeront, par exemple, au nom propre « Aristote », la description définie « l'élève de Platon », d'autres « le maître d'Alexandre le Grand » – et de ce qu'il constate, en outre, que toute expression grammaticalement bien formée « a toujours un sens » sans qu'y corresponde nécessairement un référent (*Bedeutung*), on en conclut que les sens frégéens incluent quelque chose comme une représentation descriptive du référent qui ne dépend pas pour sa contribution aux conditions de vérité de la phrase de l'existence de ce dernier. Et comme Frege affirme par ailleurs explicitement que le référent n'est pas lui-même un composant de la pensée, mais qu'une pensée est exclusivement composée de sens, on en vient tout naturellement à l'idée que ce qui est exprimé par un énoncé grammaticalement bien construit dont le terme-sujet n'a pas de référent ne peut être qu'une proposition ou « pensée » descriptive ou générale ; un peu à la façon dont les énoncés contenant des descriptions définies chez

1. G. Frege, « Sens et dénotation », *op. cit.*, p. 104. Voir, en particulier, la note de bas de page.

Russell continuent d'exprimer un sens même lorsque la description n'est pas satisfaite par un unique individu.

Le parallèle s'impose si naturellement qu'il pourrait nous faire oublier que (i) Frege a les moyens d'articuler dans sa propre théorie l'intuition de Russell à propos de la singularité de certaines de nos pensées sans avoir à en assumer les restrictions (ii) la formulation de Frege a l'avantage d'être cognitivement plus adéquate parce qu'employant des critères plus fins d'individuation des pensées singulières (iii) il existe pour Frege certaines classes d'énoncés, typiquement ceux contenant des démonstratifs ou indexicaux, pour lesquels il convient de distinguer le mode de présentation *linguistique* du référent, communicable sous de forme de descriptions définies (*i.e.* de règles universelles et constantes d'obtention du référent), du mode de présentation *psychologique* qui, lui, n'étant pas communicable, ne saurait *a fortiori* être communiqué sous cette forme [1] ; ce qui laisse au moins intacte la possibilité pour certains sens (*Sinne*) de ne pas déterminer leur référent par l'entremise d'un concept individuel – *i.e.* d'une représentation *générale* singularisante.

Le premier point est certainement le plus controversé, mais il est décisif pour comprendre ce qui fait qu'une théorie de la pensée d'inspiration frégéenne est compatible avec la thèse singulariste. En réalité, la question n'est pas exégétique. Elle n'est pas de savoir, comme le souligne McDowell, « si Frege lui-même a clairement adhéré à l'idée de sens singuliers dépendants

---

1. Je renvoie, sur ce point, à F. Recanati, « Singular Thought : In Defence of Acquaintance », dans R. Jeshion (ed.), *New Essays on Singular Thought, op. cit.*, p. 159-163.

de l'objet » [1]. Elle est plutôt de savoir s'il y a place chez Frege pour une telle notion ou, comme le dit McDowell, « si l'idée est disponible [chez Frege] de sorte qu'il soit possible de reconnaître [l'existence de] pensées dépendantes de l'objet indépendamment de la restriction de Russell sans bafouer le principe frégéen concernant la topologie de l'espace psychologique » [2]. Laissant de côté le parallèle quelque peu trompeur avec la théorie des descriptions définies de Russell, la question qui se pose est donc la suivante : qu'est-ce qui pourrait faire obstacle chez Frege à la disponibilité d'une telle idée ? Clairement, la thèse frégéenne d'après laquelle l'objet (particulier) auquel réfère le terme singulier dans une affirmation n'est pas lui-même un *composant* de la pensée (*Gedanke*). Dans une lettre à Russell datée du 13 novembre 1904, Frege écrit :

> De même que la vérité n'est pas un composant (*Bestandteil*) de la pensée, le Mont Blanc avec ses champs de neige n'est pas lui-même un composant de la pensée que le Mont Blanc culmine à plus de 4000 mètres [3].

Mais si être composé de l'objet particulier référé était la seule façon pour cette pensée d'être singulière, alors non seulement un nombre extrêmement restreint de pensées le seraient – comme l'a bien vu Russell, mais l'on pourrait même se demander si une seule de nos pensées

---

1. J. McDowell, « Singular Thought and the Extent of Inner Space », in *Meaning, Knowledge, and Reality*, Cambridge (MA), Harvard University Press, 1998, p. 235.

2. *Ibid.*

3. G. Frege, *Nachgelassene Schriften und Wissenschaftlicher Briefwechsel*, Bd. 2, *op. cit.*, p. 245.

pourrait être singulière en ce sens-là. Le problème est que la terminologie utilisée par Russell et certains néo-russelliens contemporains pour rendre compte de la singularité de certains de nos épisodes mentaux est tant pittoresque que l'on est en droit de se demander s'il existe un sens littéral clair dans lequel une seule de nos pensées pourrait être qualifiée de « singulière ». Or, une façon de littéraliser ce sens (et, donc de légitimer dans une certaine mesure les métaphores de Russell) serait de dire qu'une pensée singulière, contrairement à une pensée générale, est une pensée dont l'existence *dépend* de celle de l'objet auquel réfère le terme singulier dans l'énoncé singulier correspondant. En termes néo-frégéens, si le particulier auquel réfère le terme singulier n'existe pas, comme c'est le cas lorsque nous hallucinons sa présence ou lorsque le terme utilisé est fictionnel, l'affirmation qui le contient n'exprime aucune « pensée » – au sens de *contenu de pensée*. Et puisqu'il semble difficile de soutenir qu'il existe ou qu'il est possible d'attribuer des états (ou attitudes) sans contenu, on peut même aller jusqu'à dire qu'aucune « pensée », au sens psychologique du terme, n'existe ou n'est de fait attribuée [1].

Ce sens moins pittoresque de la notion de singularité correspond à l'intuition fondamentale de Russell à propos de la singularité de certaines de nos pensées. Mais, et c'est ce qui importe ici, il est possible de soutenir qu'il y a place chez Frege pour une telle intuition, à condition de distinguer « figurer dans » et « dépendre de ». Une pensée

---

1. G. Evans défend explicitement cette thèse dans *The Varieties of Reference* (Oxford, Oxford University Press, 1982, p. 71, 73) et donne à cette variété de pensées le nom de « russelliennes »; McDowell également dans : « Truth-Value Gaps », *in* J. McDowell, *Meaning, Knowledge, and Reality*, *op. cit.*, p. 204.

peut être singulière pour Frege si elle est composée de *sens* ou *modes (psychologiques) de présentation* dépendants pour leur existence de celle du référent, alors même que le référent ne figure pas lui-même *dans* la pensée – *i.e.* n'en est pas un composant.

Cette caractérisation de la pensée singulière, aussi adaptée soit-elle à la description du statut ontologique et épistémologique de certaines classes de pensées fondées sur des modes d'identification dépendants de l'objet – comme les pensées démonstratives perceptives et celles fondées sur la reconnaissance, se heurte cependant à des objections. La plus évidente est qu'il est possible, intuitivement, de former des pensées singulières sur des objets (particuliers) non-existants. Un armateur peut, par exemple, former toutes sortes de pensées sur le bateau particulier qu'il projette de faire construire ; il peut même décider d'y référer en utilisant un nom propre, alors même que ce bateau n'« existe » pas – au sens où il n'est pas encore matérialisé. Une autre objection est que certains épisodes mentaux appartenant à la classe des pensées démonstratives perceptives, comme ceux fondés sur des hallucinations perceptives, peuvent avoir la même efficacité causale et jouer, par conséquent, le même rôle dans l'explication du comportement que leur analogue véridique [1]. Supposons que je forme (ou que me soit attribuée) la pensée suivante : « il faut que j'attrape *ce* papillon pour ma fille », mais que l'expérience perceptive sur laquelle elle repose ne soit pas celle d'un papillon – on peut imaginer que cet énoncé ait été proféré sous

1. Voir P. Carruthers, « Russellian Thoughts », *Mind*, New Series, vol. 96, n° 381, 1987, p. 18-35. Mon exemple est une adaptation d'un exemple de Carruthers.

l'emprise d'une drogue puissante qui me fait halluciner la présence d'un papillon. Supposons, en outre, que l'hallucination soit si réaliste que je saisisse mon filet pour essayer de l'attraper. Comment expliquer, dans ce cas, mon comportement si l'on suppose, comme les néo-frégéens, qu'aucune pensée singulière n'est ici réellement exprimée – le démonstratif « ce papillon » ne référant dans notre exemple à aucun objet particulier existant ? Si l'intérêt des attributions d'états psychologiques est de permettre d'expliquer rationnellement le comportement des individus auxquels ils sont attribués, la conclusion qui semble s'imposer est (i) qu'une pensée a bien été attribuée (ii) qu'elle est intuitivement singulière – car notre mode de détection de ce genre de pensée n'a pas changé du simple fait que l'expérience perceptive en question n'est pas véridique, mais (iii) qu'elle ne dépend pas du fait que le référent du démonstratif existe.

Les théories néo-frégéennes – dans la version que je viens d'exposer, ne sont donc pas exemptes d'objections ; pas plus d'ailleurs que les théories rivales, comme les théories composites. Elles ont cependant l'avantage, comme ces dernières, de satisfaire la contrainte de Frege tout en répondant positivement à la question 1. Mais, à la différence de ces dernières, elles ont aussi l'avantage d'être compatibles avec la thèse externaliste (en philosophie de l'esprit) sans avoir à payer pour cela le prix d'une dichotomie même partielle entre l'esprit et le monde puisque, d'après cette conception, il n'y a pas de contenus mentaux individualisables, à défaut d'être spécifiables, indépendamment de la relation de l'esprit au milieu (physique ou social) environnant.

CONTRAINTES ÉPISTEMIQUES

Une chose, en principe, est de demander ce qu'est une pensée singulière – dans le but, par exemple, d'en donner une définition ; une autre, quelles conditions doivent être satisfaites pour qu'une pensée puisse prétendre à ce titre. Si l'on ne distingue pas soigneusement les deux questions, le risque est d'aboutir à une trivialisation de la seconde en faisant de ces conditions un élément de la définition. Pourvu, donc, que l'on s'abstienne de l'inclure dans leur définition, une manière possible de faire valoir la singularité de certaines de nos pensées est de poser une condition épistémique telle que tout ce qui ne la satisfait pas tombe automatiquement de l'autre côté de la limite – *i.e.* « est » une pensée générale.

Une condition épistémique souvent associée à l'expression et à l'attribution de pensées singulières est que le sujet entretienne avec le référent (*i.e.* l'objet de sa pensée) une relation cognitive spéciale. Ceci vaut aussi bien pour les contextes dits « transparents » dans lesquels le terme singulier a sa fonction désignative ou référentielle normale que pour les contextes « opaques » dans lesquels ils ne remplissent pas la fonction sémantique qui est normalement la leur et ne se prêtent donc pas aux inférences auxquelles ils se prêtent habituellement. Kaplan, par exemple, pose comme condition à l'attribution d'attitudes rapportées par des comptes rendus *de re* que le sujet (auquel elles sont attribuées) soit « en rapport » avec l'objet dénoté et requiert pour cela qu'il possède un nom (i) qui dénote l'objet en question (ii) qui en soit une représentation *vive* (*vivid*) (iii) qui soit un nom *de* cet objet au sens causal pertinent d'après lequel on peut dire d'une photographie qu'elle est « de » telle ou telle personne [1].

1. D. Kaplan, « Quantifying In », art. cit., p. 178-214.

Il n'y a toutefois pas de consensus, parmi les partisans de ce genre de condition, sur l'étroitesse du lien qui doit unir cognitivement le sujet à l'objet de pensée pour que la pensée en question puisse être qualifiée de singulière ou *de re*. C'est pourquoi elle est généralement formulée en utilisant un terme générique passe-partout qui masque une pluralité de contraintes épistémiques. La question est généralement posée en ces termes : *l'accointance* est-elle une condition nécessaire de la pensée singulière ? Ou sous cette forme : est-il possible d'avoir des pensées singulières sans être en *accointance* avec l'objet de sa pensée ?

Le mot « accointance » est un terme technique dont l'extension peut varier selon les auteurs. Il remonte historiquement à la fameuse distinction de Russell entre deux types de connaissance. Chez l'auteur britannique, il désigne « la converse de la relation d'objet à sujet qui constitue la présentation » [1]. La présentation étant une relation cognitive non-médiée d'objet à sujet, sa converse est elle aussi une relation cognitive non médiée dans laquelle le sujet « est directement conscient de l'objet lui-même » [2]. Il est à noter que ce terme inclut chez Russell les relations d'appréhension perceptive et quasi-perceptive (comme le souvenir immédiat), mais aussi celles d'auto-appréhension – comme lorsque je suis immédiatement conscient du fait de voir ou de désirer quelque chose. Russell admet, outre cela, la possibilité d'une accointance avec les universaux et pas seulement avec les particuliers sensibles que sont les *sense-data*

---

1. « Connaissance par accointance et connaissance par description », dans B. Russell, *Mysticisme et logique*, trad. fr. dirigée par D. Vernant, Paris, Vrin, 2007.
2. *Ibid.*

de tel ou tel objet physique. Les cas paradigmatiques d'accointance demeurent cependant ceux où le sujet est directement conscient dans la perception de la présence de l'objet.

La postérité de Russell a donné à ce terme une extension beaucoup plus large jusqu'à englober le témoignage et les relations de communication entre les personnes. Selon cette nouvelle extension, il suffit pour qu'un penseur soit en relation d'« accointance » avec l'objet de sa pensée qu'il (ou elle) s'insère dans une chaîne communicative dont l'un au moins des maillons ait été en relation perceptive avec l'objet en question. Il n'est donc nullement nécessaire, en ce sens, que le sujet de la pensée ait été lui-même en contact perceptif avec l'objet de sa pensée pour avoir des pensées singulières. L'essentiel ait *qu'*il y ait *eu* contact perceptif au sein de la chaîne communicative avec l'objet [1]. Si l'on tient compte de cette possible libéralisation du critère d'accointance, la question initiale peut être reformulée en ces termes : doit-on, pour avoir des pensées singulières, être communicativement lié à une ou plusieurs personnes qui ont été à un moment ou à un autre en contact perceptif avec l'objet de pensée ? [2]

1. Cette conception plus libérale de l'accointance est celle de nombreux auteurs contemporains. Elle a été théorisée par Jeshion sous le titre « norme ordinaire de l'accointance (*standard-standard on acquaintance*) » dans « Singular Thought : Acquaintance... », *in* R. Jeshion (ed.), *New Essays ...*, *op. cit.*, p. 109.

2. Pour une reformulation de la question en ces termes, voir R. Jeshion, « Acquaintanceless *De Re* Belief », *in* J. Campbell, M. O'Rourke, and D. Shier (eds.), *Meaning and Truth : Investigations in Philosophical Semantics*, New York, Seven Bridges Press, 2002, p. 53-78.

Ces différentes façons de formuler la question cachent, comme je l'ai dit, une pluralité de contraintes. Une distinction utile à cet égard est celle introduite par Hawthorne et Manley entre accointances causale et épistémique [1]. Elle est destinée à rendre compte du fait qu'il est possible d'exiger de celui (celle) qui a des pensées singulières qu'il (elle) soit en relation causale avec l'objet de pensée sans exiger qu'il (elle) possède des capacités épistémiques plus sophistiquées, comme celle de distinguer l'objet de sa pensée de tout autre objet qualitativement identique. En réalité, cette terminologie est trompeuse. D'une part, il n'est pas vrai que tous ceux qui acceptent ce type de contrainte soient prêts à en rendre compte en termes d'accointance [2]. D'autre part, l'accointance dite « causale » est elle-même (une relation) épistémique. L'accent mis sur la nature causale de la relation tend à masquer ce point. Il ne suffit pas, en effet, d'être causalement relié à un objet pour être en relation d'accointance avec lui. Par exemple, mon corps et mon esprit sont très certainement liés causalement à de nombreux phénomènes avec lesquels ni moi, ni qui que ce soit d'autre n'a eu à un moment ou à un autre de contact perceptif. Dire, donc, d'une relation causale qu'elle est une relation d'accointance, c'est assurément ajouter quelque chose au concept de cette relation. C'est dire, semble-t-il, qu'un certain type de relation causale

1. J. Hawthorne, D. Manley, *The Reference Book*, Oxford, Oxford University Press, 2012, p. 19-25.
2. J. Azzouni a proposé de remplacer cette notion, trop liée à l'idée de contact perceptif, par celle, plus neutre et naturellement plus large, de canal informatif dans « Singular Thoughts (Object-Directed Thoughts) », *Proceedings of the Aristotelian Society, Supplementary Volume*, vol. LXXXV, 2011, p. 54-55.

avec l'objet (de pensée) est exigé du sujet pour que celui-ci puisse être crédité de pensées singulières. La manière épistémiquement la plus intuitive de formuler cette condition est de dire que ces pensées doivent être fondées sur des états du sujet qui l'*informent* de la présence dans son environnement d'objets et de propriétés auxquels ces états sont causalement reliés. Sans lien informatif du sujet avec l'objet de sa pensée, il paraît difficile de soutenir que le premier est en relation d'accointance causale avec le second.

Aussi trompeuse soit-elle, cette distinction a au moins le mérite de souligner que chaque espèce de contrainte épistémique est motivée par des considérations spécifiques. L'accointance causale est motivée par la nécessité d'ancrer les informations dont le sujet dispose sur l'objet de sa pensée dans l'objet lui-même. Sans cet ancrage interprété en termes causaux, il est difficile de concevoir qu'une pensée puisse porter sur un objet particulier autrement qu'à travers la satisfaction d'une condition descriptive. Il est également difficile d'expliquer ce qui fait que certaines pensées peuvent être descriptives, car exploitant des informations à propos d'objets particuliers spécifiables descriptivement, sans pour autant être générales [1]. L'accointance épistémique est, quant à elle, motivée par l'idée que le sujet doit être capable de distinguer l'objet de sa pensée de tout autre objet s'il doit pouvoir être crédité de pensées portant sur *cet* objet-*ci*. Cette condition est connue sous le nom de « principe de Russell ». Ce principe affirme qu'une pensée (ou un jugement) ne peut être dit(e) porter sur un objet particulier si le sujet de cette pensée ne sait pas de quel

---

1. F. Recanati, *Direct Reference*, *op. cit.*, p. 111-112.

objet il s'agit [1]. Pour Russell, cette condition ne peut être satisfaite que si le sujet est en relation d'accointance avec l'objet de sa pensée. Mais il est clair qu'identifier l'objet (de sa pensée) au moyen d'un fait discriminant – comme le fait pour Paris d'être la capitale de la France – peut aussi être une façon de satisfaire le principe de Russell [2].

Il faudrait donc en toute rigueur distinguer deux types de contraintes épistémiques imposées à la pensée singulière et discuter chacune séparément. Mais puisque la contrainte de loin la plus discutée est l'accointance dite « causale », je me contenterai d'examiner certains arguments en faveur de l'idée qu'il serait possible d'avoir des pensées singulières sans accointance causale avec l'objet (particulier) de sa pensée en prenant le mot « accointance » dans son acception la plus large [3].

Les cas le plus souvent invoqués de pensée singulière sans accointance (au sens large) sont ceux où la référence du terme singulier a été fixée au moyen d'une description définie sans que cette description donne le contenu sémantique du terme [4]. Certains noms propres semblent avoir été introduits de cette manière dans nos langues naturelles alors même qu'ils fonctionnent sémantiquement comme des désignateurs rigides et des termes directement

---

1. Je discute ce principe dans mon commentaire du texte 1.

2. G. Evans (dans *The Varieties of Reference*, *op. cit.*, chap. 4) soutient qu'il existe trois manières de satisfaire ce principe : démonstrativement, récognitionnellement et descriptivement. Or, seuls les deux premiers modes d'identification peuvent *à la rigueur* être décrits comme des relations d'accointance avec l'objet.

3. L'accointance épistémique est discutée par J. Hawthorne et D. Manley dans *The Reference Book*, *op. cit.*, p. 71-90.

4. La distinction et l'exemple du nom descriptif « Jack L'Éventreur » (donné plus bas) sont de Kripke dans *La logique des noms propres*, *op. cit.*, p. 20-22, 44-48, 67.

référentiels. L'exemple le plus souvent cité est celui de l'introduction du nom « Jack L'Éventreur » au moyen d'une description définie du type : « l'homme qui a tué un grand nombre de prostituées à Londres dans le quartier de Whitechapel ». À vrai dire, ce cas est loin de faire consensus puisque l'on pourrait très bien soutenir que les policiers de Scotland Yard au moment d'introduire le nom étaient en relation d'accointance avec l'individu en question en un sens particulièrement lâche du mot « accointance » qui inclut le fait d'être en relation causale (informative) avec le tueur en série *via* les traces laissées par ce dernier sur les lieux des massacres.

Un autre exemple moins polémique, car difficilement réinterprétable comme un cas d'accointance au sens large, est celui du nom propre « Julius » introduit pour désigner *l'*inventeur de la fermeture Éclair en l'absence de toute information sur l'individu responsable de cette invention [1]. La difficulté est de dire ici si la pensée exprimée par un énoncé contenant ce genre de terme (*e.g.* « Julius était anglais ») est singulière ; sachant que personne n'est en contact perceptif, au moment où le terme est introduit, avec le référent. Il ne semble pas y avoir de consensus sur ce point. Certains auteurs soutiennent que la pensée exprimée est générale, ou en tout cas non-singulière, parce que l'énoncé dans lequel figure le nom exprime le même contenu sémantique descriptif que celui au moyen duquel il est stipulativement introduit (« Appelons "Julius" *l'*inventeur de la fermeture Éclair »), et ce, en dépit de la différence de force pragmatique des deux actes ; d'autres qu'elle est singulière parce qu'ayant pour contenu une proposition dont l'individu auquel réfère le nom

1. G. Evans, *The Varieties of Reference*, *op. cit.*, p. 31, 50-51.

rigidement et directement est lui-même un constituant [1].
Dans le premier cas, être en relation d'accointance (au
sens large) avec le référent *est* une condition nécessaire
de la pensée singulière ; dans le second, ce n'est pas
le cas puisqu'il est possible, selon les partisans de ce
genre de théorie, d'avoir des pensées singulières sans
que quiconque appréhende ou ait appréhendé le contenu
singulier exprimé par l'énoncé.

Les noms descriptifs sont loin d'être un cas isolé.
Il existe en réalité, comme le souligne Jeshion, toute
une *classe* de termes – lesdits « Termes Référentiels
Descriptivement Introduits (TRDI) » – pour lesquels
l'accointance (causale) n'exerce apparemment aucune
contrainte, que ce soit sur la référence ou la pensée
singulière [2]. Outre les noms descriptifs comme « Jack
l'Éventreur » et « Julius », les TRDI incluent les
descriptions définies préfixées par un opérateur qui les
transforme en termes directement référentiels (comme
l'opérateur *dthat* de Kaplan), certains pronoms et les
démonstratifs différés [3]. Dans tous ces cas, il semble

---

1. On compte parmi les partisans de la première option Recanati,
Soames et Reimer ; et de la seconde, Donnellan, Salmon et le Kaplan
de « Afterthoughts ». Une troisième option défendue par Evans
(*The Varieties of Reference, op. cit.*, p. 38-39, 50) consiste à traiter
séparément la question de la nature de la contribution sémantique (selon
lui, *singulière*) de « Julius » aux conditions de vérité de « Julius était
anglais » et celle de la nature (selon lui, *générale*) des états cognitifs
associés aux énoncés « Julius était anglais » et « L'inventeur de la
fermeture Éclair était anglais ».

2. R. Jeshion (ed.), « Singular Thought : Acquaintance... », *op. cit.*,
p. 105-106.

3. Ce dernier cas est celui d'usage démonstratif métonymique
de pronoms où le référent n'est pas le *demonstratum* mais une entité
distincte indiquée par ce dernier ; comme dans « *elle* ne va pas être
contente », utilisé pour référer à la propriétaire du véhicule pointé du
doigt, couvert de contraventions.

que rien ne soit requis épistémiquement du sujet pour que ces termes puissent accomplir leur fonction qui est de référer directement et rigidement à l'individu objet de certaines prédications. Mais ce constat peut être étendu à d'autres mécanismes référentiels singuliers comme celui des chaînes causales inversées, de la référence par décomposition (*e.g.* à des parties non-visibles d'un objet), *via* un caractère kaplanien, par postulation ou encore par dépiction, *i.e.* au moyen d'une carte physique ou mentale [1]. La question est cependant de savoir si ces différents cas de référence singulière (présumée ou réussie) peuvent être également considérés comme des cas de *pensée* singulière. Les intuitions peuvent, là encore, diverger.

Une chose en tout cas est de nier que l'accointance soit une condition nécessaire de la pensée singulière en alléguant qu'il existe des cas où nous avons de telles pensées sans accointance, une autre d'affirmer qu'il est possible de produire à volonté (*at will*) des pensées singulières en exploitant les mécanismes référentiels susmentionnés. Ces deux thèses sont logiquement indépendantes. La première est la thèse controversée, mais plausible, d'après laquelle l'accointance ne saurait jouer le rôle de condition substantielle *générale* de la pensée et de la référence singulière. Elle n'exclut évidemment pas que l'accointance puisse jouer dans certains cas – notamment celui où le sujet forme des représentations de particuliers sur la base d'états perceptifs ou quasi-perceptifs – le rôle de délimitateur des pensées singulières au sein de l'espace cognitif global de nos pensées. Elle nie seulement qu'il soit possible de l'étendre à tous les cas

---

1. J. Hawthorne, D. Manley, *The Reference Book*, *op. cit.*, p. 27-35.

où des pensées singulières sont exprimées ou attribuées [1]. La seconde est la thèse controversée et, à mon avis, peu plausible de l'instrumentalisme sémantique radical. Cette thèse, généralement attribuée à D. Kaplan et G. Harman, est souvent caricaturée par les partisans de l'accointance en thèse selon laquelle il est possible de modifier la nature de nos états cognitifs – de transformer, par exemple, une pensée descriptive en pensée singulière – par « un simple trait de plume » [2]. En réalité, les partisans de l'instrumentalisme sémantique ne nient pas qu'il existe certaines contraintes à satisfaire pour pouvoir produire des pensées singulières en exploitant les mécanismes référentiels susmentionnés [3]. Si l'on excepte la croyance du locuteur en l'existence d'un objet unique satisfaisant la description ou encore ce que Kaplan appelle (dans le cas des descriptions préfixées par l'opérateur *dthat*) « la contemplation active des caractères », il semble qu'il y ait au moins une contrainte minimale à satisfaire pour pouvoir introduire ce genre de termes dans le langage public : le stipulateur doit avoir *l'intention* de le faire. Sans intention, il est en effet difficile de rendre compte du fait que certaines expressions descriptives puissent fonctionner dans le langage public comme des termes directement référentiels. Le point faible de l'instrumentalisme sémantique n'est donc pas de nier que la production ou le retrait de pensées singulières s'effectuerait sous certaines conditions : nous avons vu

1. Cette thèse est celle du libéralisme tel que le définissent J. Hawthorne et D. Manley dans *The Reference Book*, *op. cit.*, p. 24-26.
2. L'expression de P. Grice est reprise par G. Evans (*The Varieties of Reference*, *op. cit.*, p. 50) pour critiquer cette thèse.
3. Comme le souligne R. Jeshion dans « Singular Thought : Acquaintance… », *op. cit.*, p. 120.

que cette thèse était parfaitement compatible avec l'idée que certaines contraintes (épistémiques ou cognitives) doivent être satisfaites. Son point faible est plutôt de promouvoir un modèle volontariste peu plausible d'après lequel la production et le retrait de ce genre de pensées serait le résultat d'un libre choix de la part du sujet. Pas plus, en effet, que nous ne choisissons pas d'avoir telle croyance, nous ne choisissons le plus souvent d'avoir (ou de ne pas avoir) des représentations singulières des particuliers du monde. Et même si l'on admet qu'il est possible dans certains cas de produire de telles représentations *à volonté* – en exploitant les mécanismes de la référence directe, le fait est que le sujet doit avoir là encore de bonnes raisons de vouloir exploiter ces mécanismes. Comme le reconnaît lui-même Kaplan :

> Normalement, on n'introduit pas un nom propre ou un terme *dthat* pour chaque description définie que l'on utilise. Mais nous avons les moyens de le faire si nous le désirons (*if we wish*). Le faire nous permet d'appréhender des propositions singulières à propos d'individus très distants de nous (ceux qui ne nous étaient connus auparavant que par description). Reconnaissant ce point, nous nous abstenons. À quoi sert de référer directement à quiconque peut être le prochain président du Brésil – si ce n'est à confondre les sceptiques ? L'introduction d'un nouveau nom propre au moyen d'un doublage descriptif et de la contemplation active des caractères impliquant des termes *dthat* – deux mécanismes permettant de référer directement à la dénotation d'une description définie arbitrairement choisie – constitue une forme de restructuration cognitive ; ils élargissent notre gamme de pensées. C'est un pas que nous ne franchissons normalement pas et lorsque nous le franchissons, nous le faisons rarement à la légère (*capriciously*). Avoir,

> comme c'est notre cas, les moyens – sans expérience ni
> connaissance particulières, ni quoi que ce soit d'autre –
> de référer directement à la myriade d'individus que nous
> pouvons décrire ne signifie pas que nous le ferons. Mais
> si nous avons des raisons de le faire, pourquoi pas ? [1]

La controverse ne porte pas, en réalité, sur la
question de savoir si certaines contraintes doivent être
satisfaites : nous avons vu que même les (supposés)
partisans de l'instrumentalisme sémantique sont prêts à
l'admettre. Elle porte plutôt sur ce qui doit être considéré
comme *la* contrainte à satisfaire. D'après Jeshion, la
contrainte cognitive minimale à satisfaire pour former
des représentations mentales singulières sur des objets
du monde est que ces objets *importent* d'une manière
ou d'une autre au sujet de la pensée – qu'ils soient par
exemple affectivement importants pour lui/elle ou pour la
réalisation de ses projets [2].

Le souci est que cette caractérisation paraît aussi
arbitraire que la conception volontariste à laquelle elle est
censée s'opposer. On peut en effet imaginer que le sujet
décide par pure curiosité intellectuelle de s'intéresser à la
personne qui est de fait l'inventeur de la fermeture Éclair,
satisfaisant ainsi la condition d'importance (*significance
condition*) formulée par Jeshion. Sa représentation
aura alors valeur de pensée singulière, mais ne sera pas
foncièrement différente d'une pensée singulière générée à
volonté par l'exploitation des mécanismes de la référence
directe. La caractérisation de Jeshion ne fait, semble-t-il,
que « déplacer le problème, de la décision d'utiliser une

---

1. D. Kaplan, « Demonstratives », *op. cit.*, p. 560, note 76.
2. R. Jeshion, « Singular Thought : Acquaintance… », *op. cit.*,
p. 125-126. « Cognitivisme » est le nom que donne l'auteure à la
position qu'elle défend.

description définie comme une expression référentielle à la décision de s'intéresser au référent d'une description définie » [1].

S'il y a quelque chose de juste dans cette théorie, c'est finalement l'idée que les pensées générées en l'absence d'accointance (au sens large) ne sauraient mériter le titre de pensées singulières sans satisfaire *quelque* contrainte. Telle est la leçon à tirer de la non-plausibilité de l'instrumentalisme sémantique radical mais, notons-le, également des difficultés du cognitivisme à proposer une réelle alternative. La question de savoir s'il existe une autre contrainte, plus fondamentale que la contrainte épistémique d'accointance ou l'importance cognitive de l'objet pour le sujet de la pensée, reste ouverte. A moins que l'accointance, interprétée d'une autre façon, suffise à rendre compte de la pertinence de ce genre de contrainte, y compris lorsqu'elle n'est pas effectivement satisfaite [2].

LES THÉORIES COGNITIVES

Je me propose, pour finir, d'examiner le concept de pensée singulière mobilisé par les théories cognitives puisque c'est en ces termes que de nouveaux arguments ont récemment été avancés en faveur du singularisme.

Les théories cognitives au sens large soutiennent que les facteurs déterminants pour l'explication de la singularité de certaines de nos pensées ont trait aux

1. J. Genone, « Evidential Constraints on Singular Thought », *Mind and Language*, vol. 29, n°1, 2014, p. 13.
2. J'explore cette option théorique (défendue par Recanati) un peu plus loin dans mon commentaire du texte 1 et, de façon plus approfondie, dans « Pensée singulière et conception normative de l'accointance », *Les Études philosophiques*, 2019/3 (N° 193), p. 403-419.

opérations de l'esprit en vertu desquelles celui-ci forme des représentations mentales singulières des objets du monde, avec une attention particulière donnée aux opérations d'acquisition, de traitement et de stockage de l'information reçue à propos de ces objets *via* les canaux informatifs sensoriels et non sensoriels usuels [1]. Par « pensées singulières », on entendra ici des états cognitifs de niveau supérieur (*i.e.* conceptuels) s'appuyant sur la formation de représentations mentales singulières de particuliers ; ce qui veut dire que l'on privilégiera l'acception psychologique du mot « pensée » distinguée plus haut.

L'existence même des théories cognitives et la popularité dont elles jouissent aujourd'hui en philosophie de l'esprit suscitent un certain nombre de questions auxquelles il nous faudra répondre si l'on veut pouvoir montrer qu'une défense appropriée du singularisme passe par leur acceptation. La première question porte sur les motivations de ce type d'approche. Elle peut être formulée comme suit : 1. Pourquoi une théorie cognitive plutôt qu'une théorie sémantique ou métaphysique de la pensée singulière serait-elle requise ? Une autre question,

---

1. La conception de la cognition ici discutée est la conception classique d'après laquelle l'esprit "doit d'abord collecter des données du monde pour pouvoir, dans un deuxième temps seulement, s'en forger des modèles et des représentations afin d'agir sur le monde" (D. Hutto et E. Myin, *Evolving Enactivism : Basic Minds Meet Content*, Cambridge, MA, The MIT Press, 2017, p. 58). D'autres conceptions de la cognition, rompant avec le représentationnalisme ou, tout au moins, avec la conception attentiste de l'activité cérébrale du cognitivisme classique, sont possibles et peut-être même souhaitables. Il serait intéressant de voir comment le problème de la pensée singulière pourrait être formulé et éventuellement résolu dans le cadre de théories non-classiques de la cognition.

soulevée par ce type d'approche, porte sur la nature des mécanismes cognitifs en jeu et peut prendre la forme suivante : 2. À quoi tient la singularité des représentations mentales sur la base desquelles des pensées (au sens vu plus haut) sont formées ? Enfin, je m'efforcerai de répondre à la question suivante : 3. Dans quelle mesure une théorie cognitive de la singularité de (certaines de) nos pensées est-elle déterminante pour une défense de la thèse singulariste ?

1. Le genre de pensées dont l'existence a le plus de chance d'attester le bien-fondé de la thèse singulariste sont des pensées formées sur la base de relations informatives (perceptives, quasi-perceptives, communicatives) entretenues par le sujet avec le milieu environnant. Si l'on admet, en effet, qu'il puisse y avoir des pensées singulières non fondées sur ce genre de relation, il devient alors difficile d'expliquer le contraste pourtant intuitif entre des pensées exprimées par des termes qui ne portent qu'indirectement sur des particuliers – *via* la représentation de conditions descriptives à satisfaire, et des pensées exprimées par des termes qui, parce qu'ils y réfèrent directement, sont individuées au moins en partie par leur référent. Or, on peut se demander si ce contraste peut être adéquatement expliqué en prenant pour faits explicatifs fondamentaux des faits sémantiques et métaphysiques qui ont trait à la nature de la contribution des expressions-sujets aux conditions de vérité de la phrase en tant que tout. Le problème est qu'il n'existe pas de consensus en sémantique philosophique sur la bonne façon d'interpréter la nature de cette contribution, qu'il s'agisse de phrases enchâssées ou autonomes. Il n'existe même pas de consensus sur la façon de classer les expressions linguistiques correspondantes. Et même si l'on adopte

les classifications et interprétations sémantiques dominantes, il paraît difficile d'en inférer la nature des
épisodes psychologiques correspondants ; parce que ce
qui fait qu'une pensée porte ou non directement sur un
objet particulier est largement indépendant des moyens
linguistiques utilisés pour l'exprimer.

Considérons le cas d'une pensée exprimée par une
affirmation dans laquelle figure une description définie :

(6) L'homme qui boit du martini est ivre.

D'après l'interprétation russellienne classique de
la contribution sémantique des descriptions définies,
(6) exprime une pensée (ou proposition) *générale* : la
pensée que l'objet quel qu'il soit satisfaisant le prédicat
« homme qui boit du martini » satisfait le prédicat « est
ivre ». Il existe toutefois des usages de descriptions
définies dans lesquels l'occurrence de la description n'est
pas essentielle à l'identification par le locutaire de l'objet
particulier sur lequel le locuteur veut attirer l'attention.
Ces usages dits « référentiels » se distinguent des usages
« attributifs » en ceci que l'objet dénoté par la description
n'a pas besoin de satisfaire la condition qu'elle exprime
pour être ce sur quoi le locuteur veut attirer singulièrement
l'attention [1]. Dans notre exemple, même si aucune des
personnes présentes à la fête au cours de laquelle (6) est
proféré ne boit du martini – ni n'est de sexe masculin,
(6) dit tout de même quelque chose : il dit (*i.e.* exprime la

---

1. Ce point a été établi par K. Donnellan dans « Reference and
Definite Descriptions », *in* K. Donnellan, *Essays on Reference,
Language, and Mind*, Oxford-New York, Oxford University Press,
2012, p. 3-30. Notre exemple est une adaptation d'un exemple d'acte de
langage interrogatif donné par Donnellan.

pensée que) la *personne particulière* à laquelle il est ainsi fait référence a la propriété d'être ivre.

Une chose, cependant, est de pointer une différence d'usages en soulignant les différentes conséquences entraînées par les cas de non-satisfaction de la condition descriptive, une autre de dire à quoi cette différence est due. Le fait qu'il n'existe aucune marque grammaticale ou syntaxique de cette différence, ni même aucune ambiguïté quant à la signification des mots figurant dans la description suggère que le fait explicatif fondamental n'est ni de nature linguistique, ni même sémantique [1], mais bien psychologique ou cognitif. Dans un cas – celui de l'usage référentiel, la pensée exprimée est singulière parce que le locuteur a *à l'esprit* un objet particulier accidentellement identifié au moyen d'une description définie et, dans l'autre – celui de l'usage attributif, elle est générale parce que le locuteur n'a, au moment de proférer (6), aucune personne particulière à l'esprit.

Quoi que l'on pense de l'usage de notions non analysées comme celles d'avoir un objet particulier à l'esprit (*having in mind*) ou de viser en pensée un objet particulier, cela suggère au moins une chose : la manière la plus intuitive et comparativement la moins problématique d'expliquer le contraste entre pensée singulière et générale est de commencer par une explica-tion psychologique ou cognitive du type de celle proposée par Donnellan pour la différence d'usages des descriptions définies. Sans explication de ce type, il paraît difficile d'arbitrer les débats sémantiques et linguistiques précédemment examinés.

---

1. Comme le reconnaît explicitement Donnellan dans l'ouvrage cité plus haut, p. 20-21.

2. Une théorie cognitive au sens étroit n'est pas seulement une théorie privilégiant ce type d'explication de la singularité de certaines de nos pensées, mais une théorie qui propose un modèle spécifique de la singularité des représentations mentales impliquées dans la formation de ce genre de pensées. Elle présuppose que la capacité du sujet à former des pensées sur des objets particuliers est sous-tendue et rendue possible par la possession (par celui-ci/celle-ci) de représentations mentales singulières.

Le modèle le plus populaire aujourd'hui en philosophie de l'esprit de (la structure de) ces représentations singulières est celui des fichiers mentaux. L'expression « fichier mental » est une expression métaphorique visant à expliquer la façon dont s'opère mentalement le stockage des informations acquises par le sujet à propos de certains objets sur la base de certaines relations (perceptives, quasi-perceptives ou communicatives) et le traitement de ces informations. L'analogie qui la sous-tend est à peu près la suivante : de même que dans le cas d'un fichier physique certaines informations sont ou bien liées entre elles et conservées sous un même répertoire, ou bien disjointes et rangées sous des répertoires différents, de même dans le cas de son analogue mental certaines informations sur le monde acquises par les canaux sensoriels et non sensoriels habituels sont liées entre elles et emmagasinées sous un même répertoire ou disjointes et rangées sous des répertoires mentaux différents pour une future activation.

Une stratégie de défense de la thèse singulariste – dans le cadre de cette théorie de notre architecture cognitive – consiste à soutenir que les concepts dont se composent certains de nos états cognitifs conceptuels (en particulier, les pensées démonstratives ou indexicales) sont des fichiers mentaux dont la fonction est d'emmagasiner – en vue d'une future activation – les informations acquises par le sujet à propos du référent (*i.e.* de l'objet de pensée) en vertu d'un certain type de relation entretenu par le premier avec le second. Le concept associé à l'indexical « je », par exemple, sert, d'après cette conception, à stocker des informations acquises en vertu d'un certain type de relation entretenu par chaque individu avec lui-même, à savoir la relation d'identité ; celui associé à l'indexical « ici », à stocker des informations acquises en vertu de la relation entretenue par le sujet avec un certain lieu, à savoir celle de s'y trouver, etc.

L'avantage de cette thèse, défendue notamment par Recanati [1], est qu'elle permet d'expliquer que certains états cognitifs puissent être conceptuels – ce que sont, par définition, les pensées – sans être descriptifs ou généraux. Les concepts peuvent être définis au sens large comme des moyens de (se) représenter mentalement les objets – des « entrées », comme dit Recanati, « dans l'ency-clopédie mentale du sujet » [2]. Les concepts indexicaux (mentionnés plus haut) sont de telles entrées. Mais ce qui fait des pensées dont ils sont des constituants des représentations mentales *singulières* est le rôle essentiel joué dans la détermination de leur objet par la relation spéciale avec le référent imposée par le concept type correspondant – dans le cas du concept du soi, par la relation d'identité entre le sujet et l'objet. Un fichier mental ouvert à l'occasion d'un épisode cognitif impliquant ce genre de relation peut assurément contenir d'autres informations que celles acquises sur la base de cette relation. Par exemple, le fichier mental *soi* peut contenir,

1. F. Recanati, *Philosophie du langage (et de l'esprit)*, Paris, Gallimard, 2008, chap. 10 et 11 ; « Singular Thought : In Defence of Acquaintance », *op. cit.*, p. 156-159. K. Bach, dans *Thought and Reference*, défend des thèses très proches.

2. F. Recanati, *Philosophie du langage…*, *op. cit.*, p. 202.

outre les informations acquises en première personne (par introspection ou *via* certaines sensations corporelles), des informations acquises en troisième personne – qui concernent, par exemple, l'état civil du sujet [1]. Plus généralement, les fichiers mentaux ouverts sur la base de relations épistémiques gratifiantes peuvent contenir des informations descriptives acquises autrement [2]. Au nom « Mont-Blanc » peuvent être associés, par exemple, des prédicats singuliers du type *plus haut sommet d'Europe (occidentale)* ou non-singuliers comme *s'appelle « Mont-Blanc », culmine à plus de 4000 mètres d'altitude, utilisé à titre d'exemple dans la correspondance de Frege et Russell*, etc. Pour autant, la pensée ne sera pas générale (ou descriptive) parce que ce ne sont pas les prédicats contenus dans le dossier qui déterminent l'objet de la représentation mentale, mais bien les relations en vertu desquelles certaines informations sont acquises par le sujet en provenance de l'objet même.

L'inconvénient de ce genre de stratégie est qu'elle fait finalement peu de place au *traitement* de l'information. Or, la singularité ou généralité des pensées dépend, semble-t-il, de la singularité ou généralité des fichiers qui, à son tour, est sensible à la façon dont les nouvelles informations sont traitées – et pas simplement à la façon dont elles sont ou ont été acquises. Une théorie qui accorde une plus large place à cet aspect de notre vie cognitive semble, à cet égard, préférable.

1. F. Recanati, « Singular Thought… », *op. cit.*, p. 157.
2. Une relation épistémiquement gratifiante est, dans le vocabulaire de Recanati, une relation en vertu de laquelle le sujet acquiert des informations sur l'objet en provenance de l'objet lui-même. Les relations perceptives sont souvent considérées comme des exemples paradigmatiques de telles relations. Mais le concept a une portée plus large puisqu'il inclut les relations quasi-perceptives et de communication.

Crane a proposé, dans le cadre d'une autre version de la théorie des fichiers mentaux, le critère de distinction suivant : un fichier mental singulier (par opposition à général) est un fichier dont on ne peut concevoir que l'information qu'il contient fût vraie de plus d'un objet. Par exemple, le faisceau d'informations associé à *la lune* est singulier parce qu'il n'est pas pensable qu'il pût s'appliquer à un plus d'un objet. Si l'on découvrait qu'il y a plus d'un objet auquel s'applique le faisceau d'informations normalement associé à la lune – en particulier, l'information *satellite naturel de la terre*, l'on rayerait du dossier l'information qu'il n'y en a qu'une et l'on traiterait séparément les informations normalement associées à celle-ci. Par contraste, il tout à fait possible, d'après Crane, de concevoir que les informations contenues dans le dossier mental associé à *satellite naturel de la terre* s'appliquent à plus d'un objet, même s'il ne s'applique *de fait* qu'à un seul objet. C'est pourquoi l'on continuerait d'utiliser le même fichier même s'il s'avérait qu'il y a en plus d'un. Ce qui fait la singularité ou la généralité d'un fichier mental n'est donc pas, d'après cette analyse, le nombre d'objets auxquels il s'applique de fait, mais « la façon dont on est disposé à traiter les informations nouvellement acquises à propos d'un objet et la façon dont cela affecte l'identité des fichiers associés aux différents objets que l'on rencontre »[1]. Si, en découvrant que la terre a plus d'un satellite, je suis conduit à traiter les informations associées à la lune séparément (*i.e.* comme appartenant à deux fichiers mentaux distincts), alors le fichier mental en question est singulier ; sinon, il est général.

---

1. « The Singularity of Singular Thought », *op. cit.*, p. 38.

Ce critère a, semble-t-il, pour défaut de ne faire aucune place à la possibilité de pensées singulières *plurielles* – *i.e.* portant sur plusieurs particuliers à la fois [1]. Or, il fait peu de doute que de telles pensées sont concevables. Imaginons qu'à l'occasion de ma rencontre avec l'un deux dans un tournoi de tennis, j'ouvre un fichier mental sur l'un des frères Bryan – sans savoir qu'ils sont deux, mais qu'en apprenant que Bob a un frère jumeau, je n'ouvre pas de fichier distinct et continue d'utiliser le même fichier étiqueté « jumeaux ». On peut supposer, pour la plausibilité de l'exemple, que je ne connais pas leurs prénoms respectifs et que je n'ai aucun intérêt à ouvrir un nouveau fichier. Dans ce cas, il est tout à fait possible d'avoir des pensées portant sur chacun des deux frères en utilisant un seul fichier mental ainsi étiqueté. Figurera dans ce fichier l'information qu'ils sont au nombre de deux, mais pas par exemple leurs prénoms respectifs. La pensée en question, quoique plurielle, sera singulière parce que s'appuyant sur un fichier mental dans lequel les informations acquises sur la base d'une relation non-satisfactionnelle (ici, perceptive) avec l'objet sont dominantes.

Si de telles pensées existent ou sont ne serait-ce qu'imaginables, on pourrait exiger d'un critère cognitif de la singularité des pensées qu'il leur ménage une place. En réalité, le critère cognitif de Crane satisfait cette condition. Après tout, si le nombre d'objets sur lequel il porte n'est pas (comme nous l'avons vu) déterminant pour la singularité du fichier, la conclusion qui s'impose est qu'il est tout à fait possible d'avoir des

---

1. Azzouni formule cette critique dans « Singular Thought (Object-Directed Thoughts) », art. cit.

pensées singulières qui portent sur *plus d'un* particulier à la fois [1].

L'erreur de Crane n'est donc pas de ne pas y faire droit, mais de prédiquer des fichiers eux-mêmes ce qui semble être le résultat d'une politique cognitive *appliquée* à ceux-ci. Comme il le note lui-même, la singularité des fichiers qui sous-tendent et rendent possible la formation de pensées singulières tient à « la façon dont on est *disposé à traiter* les informations nouvellement acquises à propos d'un objet » [2]. Or, ce genre de disposition relève de *l'usage* des représentations et ne correspond en aucun cas à une caractéristique intrinsèque de celles-ci. Aucun fichier mental n'est intrinsèquement ou par nature singulier ou général, comme le montre le fait qu'il soit possible d'emmagasiner, de lier entre elles et éventuellement aussi de disjoindre des informations acquises à propos de propriétés (d'universaux) sur la base de relations épistémiques gratifiantes entretenues par le sujet avec des instances de celles-ci. Dans l'exemple ci-dessus, le fichier étiqueté « jumeaux » peut être traité comme un fichier général tenu sur l'histoire de certaines propriétés (instanciées par certains individus) *ou* comme un fichier singulier portant sur plusieurs individus. Tout dépend en réalité des motivations et buts qui sont ceux du sujet connaissant en administrant son fichier mental [3].

1. Crane le reconnaît explicitement dans *The Objects of Thought* (Oxford, Oxford University Press, 2013) en intégrant l'objection d'Azzouni. Les pensées singulières y sont redéfinies comme des cas particuliers de pensées *spécifiques* (par opposition à *générales*) pour faire place à la possibilité de pensées spécifiques plurielles.

2. C'est nous qui soulignons.

3. Voir sur ce point K. Lawlor, *New Thoughts about Old Things : Cognitive Policies as the Ground of Singular Concepts*, New York, Garland Publishing, 2001, chap. 4 ; notamment, p. 75-79.

Si pour une raison ou pour une autre, le sujet connaissant a besoin de réidentifier un particulier *comme particulier*, le fichier et la pensée qu'il sous-tend pourront être qualifiés à bon droit de « singuliers ». Si, au contraire, ce dont il (ou elle) a besoin est simplement de pouvoir reconnaître une même propriété à travers ses différentes instances, on parlera alors de fichier et de pensée « généraux ». « Singulier » et « général » ne qualifient pas ici le système cognitif lui-même mais les usages qui en sont faits au sein de pratiques cognitives déterminées. Il n'y a pas en ce sens de *pensée* singulière indépendamment de pratiques ou politiques cognitives singulières au service desquelles sont mises les représentations mentales du sujet [1].

3. J'en viens à la dernière question : dans quelle mesure une théorie cognitive de la singularité de (certaines de) nos pensées est-elle déterminante pour une défense de la thèse singulariste ? La question est d'autant plus délicate qu'elle met en jeu les différents types d'approche jusqu'ici envisagés ; en particulier sémantico-métaphysique et cognitive. Ma réponse servira donc naturellement de conclusion à cette première partie.

Je distinguerai pour plus de clarté deux sens dans lesquels une pensée peut être dite être « singulière ». Au sens adjectival, « singulier » qualifie un certain type de contenu, et par là-même indirectement l'état, épisode ou attitude mentale ayant ce contenu pour cible. L'approche qui semble prévaloir dans ce cas est à la fois sémantique et métaphysique, c'est-à-dire fondée aussi bien sur une interprétation du comportement sémantique des termes

---

1. Concevoir ces politiques (ou pratiques) cognitives en termes de *dispositions* à traiter l'information de telle ou telle manière plutôt qu'en termes d'*intentions* permet d'éviter le retour à un modèle volontariste de la pensée singulière. Voir sur ce point, K. Lawlor, *New Thoughts about Old Things*, *op. cit.*, p. 106, note 6.

singuliers du langage public ou d'un supposé idiome mental que sur une interprétation du comportement de leur valeur sémantique dans certaines circonstances (actuelles et non-actuelles) d'évaluation. Au sens adverbial, une pensée singulière est avant tout et peut-être essentiellement une certaine *manière* de penser. Avoir des pensées singulières, selon cette acception, signifie penser singulièrement, *i.e.* grâce à des véhicules de représentation singuliers. Une approche cognitive (comme la théorie des fichiers mentaux) semble plus à même de nous éclairer sur cette acception de l'expression puisque l'accent y est délibérément mis sur les mécanismes qui rendent possible la formation de tels véhicules.

Les deux approches (sémantico-métaphysique et cognitive) sont évidemment compatibles et il n'y a pas lieu d'opposer le sens adjectival au sens adverbial. Chacun d'eux souligne la contribution d'un des termes de la relation (esprit-monde) à la constitution de contenus (représentationnels) singuliers en vertu desquels tel ou tel épisode mental peut être qualifié de « singulier ». Une raison, cependant, de donner plus de poids aux théories cognitives dans une approche intégrée du phénomène de la pensée singulière est que ce genre de théorie a l'avantage de n'imposer aucune restriction métaphysique à la gamme des entités susceptibles d'être objets de pensées singulières. Intuitivement, si j'affirme qu'

(7) Olaf est le personnage préféré de Penélope,

rien ne distingue cognitivement, ni même phénoménologiquement la façon de penser à Olaf de celle de penser à Penélope. La même pensée est vécue par le sujet comme portant sur des objets spécifiques, en plus de porter sur une relation. Il existe pourtant une différence sémantique de taille entre « Olaf » et « Penélope » puisque le premier terme singulier est référentiellement vide (« Olaf » est le nom d'un personnage fictif dans *La reine des neiges* de Walt Disney), tandis que le second réfère à un individu réel (en l'occurrence, ma fille). On pourrait être tenté de minimiser cette différence en soutenant que dans le premier cas le terme singulier réfère bien à une entité mais non-existante ; tandis que dans le second il réfère à une entité qui a la propriété d'exister. Ce meinongianisme en matière d'objets fictionnels aurait notamment l'avantage de rendre compte du fait que (7) est intuitivement vrai, car rendu vrai (selon cette théorie) par un état de choses composé en partie d'un objet subsistant et d'un objet existant.

Une manière d'éviter cette ontologie luxuriante et les problèmes d'homogénéité catégoriale qu'elle pose [1] serait de soutenir que le facteur déterminant pour la singularité de la pensée n'est pas celle du contenu propositionnel exprimé, mais de la manière de penser qui est manifestement la même que l'objet existe ou non. Les théories cognitives ont l'avantage d'expliquer ce fait sans restreindre la gamme des entités susceptibles d'être objets de pensée singulière à certaines catégories (e.g. *concrètes*, par opposition à *abstraites*). La question reste posée de savoir quelle est, finalement, la façon la plus appropriée de caractériser le rôle cognitif des pensées singulières. La théorie des fichiers mentaux a assurément des mérites. Mais, si l'analyse présentée à la fin de ma réponse à la question précédente est juste, elle ne saurait résoudre à elle seule le problème du critère (cognitif) de distinction entre pensées singulières et générales.

---

1. La proposition exprimée par (7), d'après l'interprétation (néo-)meinongienne, serait composée à la fois d'entités abstraites (le référent d'« Olaf ») et concrètes (le référent de « Penélope ») ; ce qui pose un problème d'homogénéité catégoriale.

TEXTES ET COMMENTAIRES

TEXTE 1

BERTRAND RUSSELL
*Connaissance par accointance et connaissance
par description* [1]

Les noms communs, et même les noms propres, sont
d'habitude réellement des descriptions. C'est-à-dire que la
pensée dans l'esprit d'une personne faisant correctement
usage d'un nom propre ne peut en général être exprimée
explicitement que si nous remplaçons le nom propre par
une description. De plus, la description requise pour
exprimer la pensée variera selon les personnes, ou pour la
même personne à des moments différents. La seule chose
constante (tant que le nom est utilisé correctement) est
l'objet auquel le nom s'applique. Mais aussi longtemps
que ceci demeure constant, la description particulière en
cause ne fait d'habitude aucune différence pour la vérité
ou la fausseté de la proposition dans laquelle le nom
apparaît.

Prenons quelques illustrations. Supposez un énoncé
quelconque au sujet de Bismarck. En admettant qu'il y
ait une chose telle que l'accointance directe avec soi-
même, Bismarck lui-même pourrait avoir employé son
nom directement pour désigner la personne particulière

1. B. Russell, *Mysticisme et logique*, trad. fr. R. Clot-Goudard,
D. Vernant (dir.), Paris, Vrin, 2007, p. 194-196.

avec laquelle il était en accointance. En ce cas, s'il faisait un jugement au sujet de lui-même, il serait lui-même un constituant du jugement. Ici, le nom propre a l'usage direct qu'il souhaite toujours avoir, représentant simplement un certain objet, et non une description de l'objet. Mais si une personne qui connaissait Bismarck formulait un jugement à son sujet, le cas serait différent. Ce avec quoi cette personne était en accointance était certains *sense-data* qu'elle reliait (correctement, supposerons-nous) au corps de Bismarck. Son corps comme objet physique, et plus encore son esprit, étaient seulement connus comme étant le corps et l'esprit reliés à ces *sense-data*. Autrement dit, ils étaient connus par description. Bien entendu, les caractéristiques de l'apparence d'un homme qui surgiront dans l'esprit d'un ami lorsqu'il pensera à lui sont pour beaucoup affaire de hasard ; aussi la description réellement présente dans l'esprit de l'ami est-elle accidentelle. Le point essentiel est qu'il sait que les diverses descriptions s'appliquent toutes à la même entité, en dépit du fait qu'il ne soit pas en accointance avec l'entité en question.

Lorsque nous, qui n'avons pas connu Bismarck, formulons un jugement à son sujet, la description dans nos esprits sera probablement une masse plus ou moins vague de connaissances historiques – bien plus, dans la plupart des cas, qu'il n'en faut pour l'identifier. Mais, pour les besoins de l'exemple, admettons que nous pensions à lui comme « le premier Chancelier de l'Empire allemand ». Ici tous les mots sont abstraits excepté « allemand ». De nouveau, le mot « allemand » aura des significations différentes pour des personnes différentes. À certains, il rappellera des voyages en Allemagne, à d'autres la forme de l'Allemagne sur la carte, et ainsi de suite. Mais si nous devons trouver une description que nous savons être applicable, nous serons contraints, à un moment donné, d'introduire une référence à un particulier avec lequel nous sommes en accointance. Une telle référence est impliquée dans toute mention du passé, du présent et du futur (par opposition à des dates définies), ou de l'ici et du là-bas, ou de ce que d'autres nous ont dit. Ainsi, il semblerait que, d'une manière ou d'une autre, une description connue pour être applicable à un particulier doit impliquer quelque référence à un particulier avec lequel nous sommes en accointance, si notre connaissance portant sur la chose décrite ne doit pas être simplement une conséquence logique de la description. Par exemple, « L'homme ayant vécu le plus longtemps » est une description qui doit s'appliquer à quelque homme donné, mais nous ne pouvons faire aucun jugement à propos de cet homme qui inclut une connaissance portant sur lui et allant au-delà de ce que donne la description. Si, toutefois, nous disons « Le premier Chancelier de l'Empire germanique était un fin diplomate », nous ne pouvons être assurés de la vérité de notre jugement qu'en vertu de quelque chose avec quoi nous sommes en accointance – en général, un témoignage entendu ou lu. D'un point de vue psychologique, en dehors de l'information dont nous faisons part aux autres, en dehors du fait concernant le véritable Bismarck, qui donne de l'importance à notre jugement, la pensée que nous avons réellement contient le(s) particulier(s) impliqué(s), et pour le reste consiste entièrement en concepts. Tous les noms de lieux – Londres, l'Angleterre, l'Europe, la Terre, le Système Solaire – impliquent de manière similaire, lorsqu'ils sont employés, des descriptions qui partent d'un ou de plusieurs particuliers avec lesquels nous sommes en accointance. Je soupçonne que même l'Univers, tel qu'il est vu par la métaphysique, implique une telle connexion avec des particuliers. En logique, au contraire, où nous nous occupons non seulement de ce qui existe effectivement, mais de tout ce qui peut ou pourrait exister ou être, aucune référence à des particuliers réels n'est impliquée.

Il semblerait que, lorsque nous faisons un énoncé à propos de quelque chose qui n'est connue que par description, nous *avons l'intention* souvent de formuler notre jugement, non dans la forme impliquant la description, mais à propos de la chose réelle décrite. Ainsi, lorsque nous disons quelque chose à propos de Bismarck, nous aimerions, si nous le pouvions, formuler le jugement que Bismarck seul peut faire, à savoir le jugement dont lui-même est un constituant. Ce faisant, nous rencontrons nécessairement un échec puisque le Bismarck réel nous est inconnu. Mais nous savons qu'il existe un objet B nommé Bismarck et que B était un fin diplomate. Nous pouvons ainsi *décrire* la proposition que nous aimerions affirmer, à savoir : « B était un fin diplomate » où B est l'objet qui était Bismarck. Ce qui nous permet de communiquer malgré la diversité des descriptions que nous employons est que nous savons qu'il y a une proposition vraie à propos du Bismarck réel, et que, quelles que soient les variations de nos descriptions (aussi longtemps que la description est correcte), la proposition décrite est toujours la même. Cette proposition, qui est décrite et qui est connue pour être vraie, est ce qui nous intéresse ; mais nous ne sommes pas en accointance avec la proposition elle-même, et nous ne *la* connaissons pas, bien que nous sachions qu'elle est vraie.

On remarquera qu'il y a différents degrés quand on s'éloigne de l'accointance avec des particuliers : de

Bismarck aux gens qui le connaissaient, de Bismarck à ceux qui ne le connaissent que par l'histoire, l'homme au masque de fer, l'homme ayant vécu le plus longtemps. Ils sont de plus en plus éloignés de l'accointance avec des particuliers, et il existe une hiérarchie similaire dans le domaine des universaux. Bien des universaux, comme bien des particuliers, ne nous sont connus que par description. Mais ici, comme dans le cas des particuliers, la connaissance concernant ce qui est connu par description est en fin de compte réductible à la connaissance concernant ce qui est connu par accointance.

Le principe gnoséologique fondamental dans l'analyse des propositions contenant des descriptions est le suivant : *chaque proposition que nous pouvons comprendre doit être entièrement composée de constituants avec lesquels nous sommes en accointance.* À partir de ce qui a déjà été dit, on verra clairement pourquoi je défends ce principe, et comment je propose de traiter les cas de propositions qui, au premier abord, y contreviennent. Commençons par les raisons de supposer que ce principe est vrai.

La raison principale de le supposer vrai est qu'il semble à peine possible de croire que nous pouvons formuler un jugement ou avancer une supposition sans savoir à propos de quoi nous sommes au juste en train de juger ou de supposer.

COMMENTAIRE

Ce texte est extrait d'un article publié une première fois par Russell dans les *Proceedings of the Aristotelian Society* au titre de l'année 1910-1911 [1], puis en 1917 comme chapitre X de *Mysticism and Logic and Other Essays*. Le texte de la conférence prononcée devant l'*Aristotelian Society* a également servi de matériau à l'élaboration du cinquième chapitre de *The Problems of Philosophy* [2].

L'objet de l'article est, comme le suggère le titre, d'élucider la nature de la connaissance « par description » par contraste avec une autre sorte de connaissance, qualifiée par l'auteur de connaissance « par accointance ». La question qui sert de fil conducteur à l'ensemble de l'article est la suivante : que savons-nous au juste lorsque nous savons quelque chose « par description » ? [3] Que savons-nous, par exemple, lorsque nous savons que *le vainqueur de l'élection présidentielle française de 2022* aura une tâche encore plus ardue que celle de ses

1. *Proceedings of the Aristotelian Society*, Vol. XI, p. 108-128.

2. B. Russell, *The Problems of Philosophy*, London, Williams & Northgate, 1912.

3. Comme le souligne Russell (« Connaissance par accointance… », *op. cit.*, p. 193), par « description » il faut entendre ici description *définie* – par opposition à *indéfinie* ou *ambiguë*, c'est-à-dire une expression nominale de la forme : « le tel-et-tel ».

prédécesseurs ou, pour reprendre un exemple de l'auteur, que *l'homme au masque de fer* est un illustre inconnu ?

La réponse de Russell est que nous avons une connaissance par description lorsque nous savons qu'un objet (non-spécifique) possède, seul, les propriétés mentionnées par la description ; par exemple, lorsque nous savons que la personne quelle qu'elle soit, dénotée par « le vainqueur... », a la propriété d'être vainqueur de l'élection présidentielle française de 2022 et est la seule à posséder cette propriété.

Deux thèses en particulier sont défendues dans l'article à propos de la relation entretenue par les deux sortes de connaissance précédemment distinguées : celles de leur indépendance logique mutuelle et celle de la réductibilité de la connaissance par description à la connaissance par accointance. La connaissance par description est indépendante de la connaissance par accointance (et vice versa) en ceci qu'il est possible, par exemple, de savoir qu'une unique personne sera vainqueur de l'élection présidentielle française de 2022 sans savoir *qui* ou *quelle* est cette personne. De même, nous pouvons savoir qu'une unique personne est l'homme au masque de fer sans savoir qui est cette personne – personne ne sait, de fait, qui est l'homme au masque de fer, ni même si c'est un homme ou une femme. Cette indépendance est logique puisque que même à supposer, comme c'est souvent le cas, que les deux sortes de connaissance se produisent simultanément, nous ne savons toujours pas qui ou quelle est la personne dont nous savons par ailleurs qu'elle est l'unique personne satisfaisant la description tant que nous ne connaissons pas de proposition d'identité de la forme

A est l'homme au masque de fer, « où *A* est quelque chose avec quoi nous sommes en accointance » [1].

Russell défend aussi la thèse de la réductibilité de la connaissance par description à la connaissance par accointance au sens où toute proposition intelligible, y compris donc – mais pas uniquement – celles qui contiennent des descriptions définies en position de sujet, requiert pour être comprise de n'être composée que de constituants avec lesquels le sujet (du jugement) est en relation d'accointance. Dans le cas des propositions contenant des descriptions définies, puisqu'aucun élément dans le complexe jugé ne correspond à l'objet dénoté par la description – comme Russell l'avait déjà établi une première fois en 1905 dans « De la dénotation », puis dans les *Principia Mathematica* [2] – et puisque, par ailleurs, nous comprenons la phrase contenant ce genre d'expression linguistique, il faut bien supposer qu'il existe un niveau d'analyse logique où le sujet est en relation cognitive immédiate avec les constituants réels du jugement ; à savoir, dans le cas qui nous occupe, la propriété *homme au masque de fer* et toute autre propriété qui lui est attribuée par le prédicat principal de la phrase. « Le principe gnoséologique fondamental dans l'analyse des propositions contenant des descriptions », parfois appelé « principe d'accointance », est, comme le souligne Russell, le principe selon lequel « chaque proposition que nous pouvons comprendre doit être entièrement composée de constituants avec lesquels nous sommes en accointance ».

1. B. Russell, « Connaissance par accointance… », *op. cit.*, p. 193.
2. B. Russell, *Écrits de logique philosophique*, *op. cit.*, p. 207 ; p. 310 *sq.*

Bien que l'article dans son ensemble soit consacré à l'examen des conséquences pour la théorie de la connaissance de la théorie des descriptions définies élaborée au point de vue logique dans « On Denoting » et complétée dans les *Principia Mathematica*, ce n'est pas ce qui retiendra ici mon attention. L'un des traits les plus saillants de l'extrait choisi concerne le débat actuel sur l'existence et la nature des pensées singulières et la nécessité de poser des contraintes épistémiques pour ce genre de pensées. C'est cela que je me propose de placer au centre du présent commentaire.

Cet extrait est souvent considéré comme un *locus classicus* à la fois de l'approche sémantique et métaphysique de la distinction entre pensées singulières et générales (ou descriptives), de la thèse singulariste et des théories qui imposent une contrainte épistémique forte aux pensées singulières. Russell ne se contente pas, dans notre extrait, de fournir un critère structural de la singularité de certains de nos jugements. Il défend, en outre, une version du singularisme d'après laquelle un nombre restreint de nos pensées portent – au sens fort de « porter sur », requis par le singularisme – sur des particuliers. Quoique limitée dans sa portée, nous verrons que cette version est en réalité conséquente puisqu'elle reste fidèle au principe gnoséologique énoncé plus haut dont Russell considère la vérité comme « évidente » [1]. Tout le problème, cependant, est de savoir si Russell a raison et, si tel n'est pas le cas, s'il existe une façon de sauvegarder le principe compatible avec l'idée que l'accointance *n'est pas* une condition nécessaire de la pensée singulière.

1. B. Russell, *Écrits de logique philosophique*, *op. cit.*, p. 198.

PSYCHOLOGIE ET SÉMANTIQUE :
LA STRATÉGIE RUSSELLIENNE

On attribue généralement à Russell la paternité de la stratégie présentée dans la première section de la partie précédente. Jeshion, par exemple, considère que le contraste établi par Russell entre pensées singulières et descriptives (générales) en termes de différence entre contenus de pensée « fournit l'échaffaudage (*scaffolding*) des discussions actuelles » et cite l'article de 1910-1911 comme un *locus classicus* de la distinction [1].

Il fait peu de doute que cette stratégie soit celle de l'auteur dans notre extrait. Un jugement est singulier, d'après Russell, si le nom propre qui figure dans sa formulation est utilisé comme il l'est idéalement, à savoir, pour représenter directement la personne désignée ; et le nom propre représente directement la personne désignée si cette personne est elle-même un « constituant » du jugement [2]. Seul un jugement formulé par Bismarck sur lui-même en utilisant le nom propre « Bismarck » est, d'après ce critère, singulier. Tous les autres jugements prononcés par d'autres personnes que Bismarck sur

1. R. Jeshion, « Introduction to *New Essays on Singular Thought* », *in* R. Jeshion (ed.), *New Essays…*, *op. cit.*, p. 2.
2. Notons qu'au moment où Russell écrit l'article (*i.e.* aux alentours de 1910) ses conceptions de la proposition et du jugement ont changé. Il ne considère plus, comme c'était le cas dans les *Principes des mathématiques*, la proposition comme une entité ontologique indépendante avec laquelle le sujet entrerait en relation en énonçant un jugement, mais comme un complexe d'éléments avec lesquels le sujet est en relation par le fait-même de juger – l'acte de juger étant lui-même un constituant de tout jugement. C'est la fameuse *théorie du jugement comme relation multiple*. Le critère (structural) de singularité est, toutefois, le même qu'en 1903.

Bismarck en utilisant le nom propre sont des jugements descriptifs réductibles à des jugements singuliers portant non pas sur Bismarck, mais sur des *sense-data* (du corps) de Bismarck.

Il fait également peu de doute qu'il existe pour Russell un lien direct entre ce critère relatif aux jugements et la nature des pensées (au sens psychologique) associées à ces jugements. Reste à savoir dans quel sens s'effectue l'inférence : de la sémantique (et métaphysique) à la psychologie ou de la psychologie à la sémantique (et métaphysique)?

Il est clair, au début de l'extrait tout au moins, que la stratégie de l'auteur consiste, comme l'a très bien vu Evans, à passer directement de « remarques sur "la pensée dans l'esprit de l'homme qui profère une certaine phrase" [dans notre extrait, sur "la pensée dans l'esprit d'une personne faisant correctement usage d'un nom propre"] à des remarques sur la nature de l'affirmation, de la proposition affirmée [du jugement], etc. » [1]. Russell défend ici une thèse globalement descriptiviste sur la sémantique des noms propres ordinaires d'après laquelle ceux-ci « sont réellement des descriptions ». Cette version de la thèse descriptiviste classique est connue sous le titre de théorie *abréviationniste* puisque, pour Russell, les noms propres ordinaires sont, dans la plupart de leurs usages, des abréviations de descriptions définies vouées à disparaître lors du processus d'analyse logique des phrases dans lesquelles elles figurent. « Bismarck », par exemple, utilisé par toute autre personne que Bismarck est l'abréviation d'une description définie du type « le premier Chancelier de l'Empire Allemand »; et « le

---

1. G. Evans, *The Varieties of Reference*, *op. cit.*, p. 67.

premier Chancelier de l'Empire Allemand » peut à son tour être analysé, dans le contexte d'une phrase du type : « le premier Chancelier de l'Empire Allemand était un fin diplomate », comme affirmant trois choses : (i) qu'il existe une personne qui est Chancelier de l'Empire Allemand (ii) qu'aucune autre personne n'est Chancelier de l'Empire Allemand (iii) que cette personne est un fin diplomate.

Mais, et c'est là le point important, la nature du jugement proféré par une personne en utilisant un nom propre est affirmée sur la base d'une description de ce qui se passe dans l'esprit (de la majorité) des utilisateurs du nom au moment de l'utiliser. Dans le cas de l'utilisation (par hypothèse, correcte) du nom propre « Bismarck » par toute autre personne que Bismarck, la description la plus fidèle serait de dire que la personne a à l'esprit, au moment d'utiliser le nom « Bismarck », une description définie associée au nom. Le jugement proféré serait ainsi général parce que, d'après la théorie des descriptions définies, une description se laisse analyser dans le contexte d'une phrase déclarative complète comme un ensemble d'énoncés dans lesquels ne figurent que des prédicats à satisfaire par un unique objet – *i.e.* sur le modèle de l'analyse de : « le premier Chancelier de l'Empire Allemand était un fin diplomate » présentée plus haut.

Russell insiste ici sur la variabilité des descriptions d'un utilisateur à l'autre, le seul point fixe étant l'objet auquel s'applique (par hypothèse, correctement) le nom. Ainsi, bien que les pensées descriptives de différents utilisateurs du nom puissent ne pas être les mêmes, cette différence n'affecte pas la valeur de vérité de la proposition jugée. Elle reste vraie tant que l'application du nom est correcte.

Cette stratégie repose sur des prémisses pour le moins discutables. L'une d'elles est que les langues naturelles sont un médium non-social absolument transparent des pensées de leurs utilisateurs. C'est manifestement faux puisque certaines choses peuvent être dites par les utilisateurs d'une langue, conformément aux conventions en usage dans cette langue, sans que ce qui est dit corresponde nécessairement aux pensées (ou intentions de signification) de ses utilisateurs [1]. Elle court, en outre, le risque au mieux d'une surdétermination – nous avons ici un même critère de singularité sous-tendu par différents types de considérations : sémantico-métaphysiques et psychologiques, au pire d'être circulaire puisque la description de ce qui se passe dans l'esprit de l'utilisateur du nom semble présupposer ce qu'elle est censée établir – à savoir la généralité du jugement. Elle a toutefois le mérite de fournir un critère structural relativement clair de la singularité et de la généralité de nos pensées : une pensée est singulière si et seulement si l'outil linguistique approprié pour la décrire est un terme authentiquement et directement référentiel ; sinon c'est une pensée générale adéquatement exprimée par une description analysable – comme le sont toutes les descriptions définies d'après Russell – comme un ensemble d'énoncés où ne figurent que des prédicats.

---

1. Evans soulève cette objection dans G. Evans, *The Varieties of Reference*, *op. cit.*, p. 67-73.

LA VERSION RUSSELLIENNE
DE LA THÈSE SINGULARISTE

L'auteur ne se contente pas ici de poser les termes du débat entre partisans du généralisme et du singularisme en philosophie de l'esprit. Il défend lui-même une certaine version de la thèse singulariste. Le singularisme est, rappelons-le, la thèse selon laquelle certaines de nos pensées portent au moins en partie sur un ou plusieurs particuliers – au sens fort, *object-dependent*, de « porter sur » [1]. La thèse adverse affirme ou bien qu'aucune de nos pensées ne porte sur des particuliers ou bien que certaines d'entre elles portent sur des particuliers mais seulement en un sens lâche, *object-independent*, de « porter sur » qui requiert la satisfaction par l'objet de pensée d'une (ou plusieurs) condition(s) descriptive(s). Dans les deux cas, les particuliers ne sont pas eux-mêmes des constituants de nos contenus de pensée. C'est pourquoi cette thèse affirme que toutes nos pensées sont *au fond* générales.

Etant donné que Russell défend, comme nous l'avons vu, une position globalement descriptiviste sur la nature des pensées associées par la plupart de leurs utilisateurs aux noms propres, et par conséquent aussi, sur la nature de leur contribution sémantique, on pourrait être tenté de lui attribuer la défense d'une position généraliste plutôt que singulariste en philosophie de l'esprit. Recanati, par exemple, considère qu'en refusant d'admettre une autre dimension sémantique que celle de la référence pour les termes authentiquement singuliers, Russell n'a pas d'autre choix, pour rendre compte de la possibilité

---

1. Voir plus haut notre section intitulée : « Sens et pensées dépendants de l'objet ».

pour un même sujet d'adopter sans irrationalité des attitudes épistémiques antagoniques à l'égard du contenu propositionnel, que de se faire « le champion du descriptivisme ». [1] La solution de Russell est en gros la suivante : puisqu'il est de fait possible, comme l'a bien vu Frege, de croire et en même temps de ne pas croire (ou de s'abstenir de croire) que le Mont Blanc culmine à plus de 4000 mètres, la seule façon de rendre compte de la rationalité de ces prises de position simultanées est de postuler que le sujet entretient à propos du même objet deux pensées descriptives non-contradictoires ; par exemple la pensée que *la montagne qu'il voit* culmine à plus de 4000 mètres et la pensée que *le plus haut sommet d'Europe occidentale* culmine à plus de 4000 mètres – sans réaliser bien sûr que la montagne vue n'est autre que le plus haut sommet d'Europe occidentale. Aucune des deux pensées (jugements) n'ayant pour constituant la montagne particulière auquel le sujet prétend se référer en utilisant le nom propre « Mont Blanc », mais seulement les propriétés *montagne vue* et *plus haut sommet d'Europe occidentale*, elles ne sauraient être singulières. Par extrapolation, aucune des pensées que nous formons sur le monde n'est singulière si la seule façon de satisfaire l'exigence de Frege est de faire des noms propres qui les expriment des abréviations de descriptions définies.

Il existe une autre manière d'apprécier la contribution de Russell au débat sur la plausibilité du singularisme. Si, comme nous l'avons vu, cette thèse doit être interprétée comme affirmant que la classe des pensées singulières

---

1. F. Recanati, « Singular Thought : In Defence of Acquaintance », *in* R. Jeshion (ed.), *New Essays…*, *op. cit.*, p. 147.

est non-vide, il *suffit* qu'une seule de nos pensées soit singulière (au sens de Russell) pour que le singularisme soit vrai. La pensée exprimée par Bismarck sur lui-même en utilisant le nom propre « Bismarck » et, plus généralement, toute pensée exprimée par un locuteur sur lui-même en utilisant son propre nom satisfont cette condition [1]. Si l'on considère en outre, comme Russell, que toute pensée exprimée par une autre personne sur le locuteur satisfait également ce critère sous certaines conditions – *i.e.* à condition d'en restreindre la portée aux *sense-data* du corps du locuteur, comme c'est le cas pour toute personne formulant un jugement sur Bismarck en dehors de Bismarck lui-même, c'est manifestement plus qu'il n'en faut pour garantir la vérité du singularisme.

Le souci est que cette version du singularisme en limite tellement la portée qu'elle finit par générer une instabilité théorique. Les particuliers du monde extérieur ne pouvant être connus, d'après Russell, qu'indirectement (*i.e. via* certaines propriétés), le singularisme ainsi défendu menace à tout moment de se muer en défense de la thèse adverse. Cette instabilité étant la conséquence de l'adhésion de l'auteur au principe épistémologique qui sous-tend l'analyse logique des énoncés contenant des descriptions définies – le principe d'accointance, l'évaluation de la version russellienne du singularisme passe donc par un examen critique de ce qui en justifie

---

1. A cette réserve près que Bismarck ou n'importe quel locuteur ne serait certainement pas enclin à exprimer cette pensée en utilisant son nom, mais plutôt la première personne du singulier.

aux yeux de Russell l'acceptation, à savoir le bien-nommé
« principe de Russell » [1].

LE PRINCIPE DE RUSSELL EST-IL VRAI ?

Ce principe, rappelons-le, énonce qu'un sujet ne peut
être crédité de pensées sur des objets particuliers (au sens
large du mot « objet », incluant les personnes) s'il ne sait
sur quoi ou qui elles portent.

En un sens, ce qu'affirme ce principe est faux.
Intuitivement, il est possible d'avoir toute une série de
pensées sur un individu particulier, par exemple sur
une personne rencontrée quelques minutes plus tôt
dans l'ascenseur, sans savoir qui est cette personne. De
même, il est possible de former toutes sortes de pensées
singulières sur des objets particuliers perçus sans savoir
de quels objets il s'agit – sans savoir, par exemple, s'il
s'agit d'objets de telle ou telle sorte. Il est également
possible de former des pensées sur soi-même sans savoir
qui l'on est : un sujet frappé d'amnésie complète serait
certainement capable de former des pensées singulières
sur lui-même alors qu'il n'est manifestement pas en état
de dire/savoir qui il est.

On rétorquera qu'il ne s'agit justement pas dans ce cas
de pensées singulières, mais de pensées dont le contenu
serait plus adéquatement exprimé par l'utilisation de
descriptions définies comme *la personne que je viens*

---

1. L'appellation est d'Evans (*The Varieties of Reference, op. cit.*,
chap. 4), mais le principe est explicitement formulé par Russell à la
toute fin de notre extrait. Il ne doit pas être, notons-le, confondu avec le
principe d'accointance.

de croiser dans l'ascenseur, l'objet actuellement perçu ou *la personne qui a cette pensée*; ce qui corroborerait au contraire le principe. Il s'agirait de cas dans lesquels la non-satisfaction de la condition épistémique – savoir qui ou quel est l'objet de sa pensée – impliquerait la non-singularité (généralité) de la pensée exprimée. Mais ce serait négliger le fait, pourtant évident, que l'usage d'une description définie n'est pas ici requise pour exprimer le contenu de sa pensée. Celle-ci pourrait être tout aussi bien exprimée par l'utilisation d'un pronom utilisé démonstrativement ou d'un demonstratif simple ou complexe du type « il », « elle », « cette personne », ou encore « cet objet ». Les démonstratifs étant généralement considérés comme des termes référentiels dont la contribution sémantique relativement à un contexte d'énonciation donné est épuisée par l'objet particulier auquel ils réfèrent, la pensée correspondante peut être considérée comme singulière alors même que la condition épistémique n'est pas satisfaite. La question, ici, est donc moins de savoir s'il existe des cas de pensée singulière où le principe de Russell n'est pas satisfait que de savoir ce qui fait que ce principe, généralement faux, peut être vrai dans certains cas.

Une manière de l'expliquer serait d'observer que, dans la plupart des cas où des locutions comme « savoir quel » ou « savoir qui » sont utilisées, leur signification et les conditions d'attribution correcte des états correspondants sont tellement dépendantes du contexte d'utilisation qu'il n'y a pas de réponse univoque à la question de savoir si le sujet à qui ils sont attribués sait sur quoi porte sa pensée – par hypothèse, singulière. Par exemple, il n'y a pas de réponse univoque à la question de savoir si je sais qui est la personne rencontrée quelques minutes plus tôt dans l'ascenseur, et donc, sur qui porte ma pensée. Dans certaines circonstances, avoir vu ou rencontré visuellement la personne justifie que l'on dise que je sais de qui il s'agit ; ce qui signifie qu'il y aura une réponse informative à la question de savoir sur qui porte ma pensée (« – Sur *elle* ! »). Mais dans d'autres circonstances, il se peut que ce ne soit pas suffisant et que d'autres façons d'individualiser l'objet de sa pensée soient requises ; par exemple, être capable de donner le nom de la personne ou de citer certains faits biographiques significatifs à son sujet. Autrement dit, ce qui vaut dans certains contextes comme savoir qui, corroborant ainsi le principe de Russell, ne vaut pas comme tel dans d'autres, infirmant du même coup le même principe.

Si l'on veut avoir une chance de donner une réponse théorique satisfaisante à la question de savoir si le principe de Russell est vrai, il faut donc se tourner vers des interprétations philosophiques substantielles, moins dépendantes du contexte, des locutions « savoir qui » ou « savoir lequel » que ne l'est l'usage familier. L'interprétation russellienne du principe en est un bon exemple. Outre le fait que Russell utilise les mots « accointance » et « savoir qui (lequel) » en un sens technique qui diffère considérablement du sens ordinaire, une des idées fondamentales de l'article est que la connaissance par description diffère de la connaissance par accointance en ceci que, dans le premier cas – *i.e.* lorsque quelque chose est connu par description, il est possible de savoir certaines choses à propos de l'objet dénoté sans savoir qui ou quel est cet objet. Il s'ensuit que la satisfaction du principe de Russell requiert, d'après lui, une connaissance *par accointance* de l'objet de pensée par le sujet. L'accointance devient ici une condition substantielle de la pensée singulière et la question posée est de savoir s'il est possible d'avoir des pensées sur des particuliers sans être en relation d'accointance avec ceux-ci.

La réponse est bien sûr positive si l'on restreint, comme Russell, l'accointance à une relation cognitive non-médiée du sujet avec l'objet de sa pensée. Il est en effet difficile de nier qu'il existe des cas où le sujet forme des pensées que nous qualifierions de « singulières », selon nos modes de détection habituels de la présence de ce genre de pensées, alors que personne (y compris, donc, le sujet lui-même) n'entretient de relation cognitive immédiate ou particulièrement étroite avec l'objet de sa pensée. Il suffit de penser au cas où une personne forme une pensée adéquatement exprimée par l'usage d'un démonstratif à propos d'un lieu particulier que personne n'a jamais vu au moyen d'une carte physique ou mentale [1]. La conclusion qui semble s'imposer est que le principe de Russell *tel que l'interprète lui-même Russell* est faux pour d'autres raisons que celles précédemment invoquées. Il est faux parce que l'accointance ne peut manifestement pas être considérée comme une condition substantielle *générale* s'imposant à toute pensée candidate au titre de pensée singulière. Il suffit qu'une seule pensée, qualifiable à bon droit de « singulière », puisse être formée en l'absence d'une relation de ce genre pour infirmer le principe. Or, la formation de pensées singulières sans accointance n'est pas seulement possible ; elle est monnaie courante.

---

1. Je reprends ici un exemple donné par J. Hawthorne et D. Manley, in *The Reference Book*, *op. cit.*, p. 33-35.

LA CONCEPTION NORMATIVE

La fausseté du principe tel que l'interprète Russell découle, semble-t-il, de la vérité des deux prémisses suivantes :

(i) Dans certains cas, notamment lorsque des termes référentiels sont introduits au moyen d'une description définie, le sujet n'entretient pas de relation d'accointance en quelque sens que ce soit (strict ou large) avec l'objet particulier de sa pensée [1].

(ii) Des déclarations contenant ce type de termes expriment toutefois, intuitivement, des pensées singulières.

Rien n'oblige cependant à accepter cette conclusion. De ce que (i) et (ii) sont vrais, il ne s'ensuit pas que l'accointance ne *saurait* être considérée comme une condition de la pensée singulière. Tout dépend de la façon dont on interprète ici le conditionnel. Si on l'interprète comme un énoncé factuel sur une relation d'implication entre des événements du type : si B n'a pas lieu, alors A n'a pas lieu, la conclusion semble s'imposer puisque (i) et (ii) affirment, conjointement, qu'il existe des cas où le sujet a, intuitivement, des pensées singulières sans être en relation d'accointance avec l'objet particulier de sa pensée. Si c'est le cas, le principe de Russell est, de fait, faux. Interprété, toutefois, comme l'expression d'une exigence à satisfaire, l'argument devient spécieux puisque le fait qu'elle ne le soit pas n'empêche nullement celle-ci de valoir comme exigence. Et rien n'empêche de qualifier la pensée de *singulière* puisque le fait que le

---

1. Voir plus haut la section intitulée : « Contraintes épistémiques ».

sujet ne soit pas en relation d'accointance avec l'objet de sa pensée n'importe pas ici.

Deux sortes de conditions de la pensée singulière doivent donc être ici rigoureusement distinguées : *de facto* et *de jure* [1]. La non-satisfaction de la condition d'accointance entendue comme condition *de jure* ne compromet nullement la vérité du principe de Russell puisqu'il n'en continue pas moins d'être vrai qu'il est nécessaire d'être en accointance avec l'objet de pensée pour pouvoir être crédité de ce genre de pensées même lorsque celles-ci sont exprimées en l'absence d'une telle relation.

L'intérêt de ce genre de distinction est de rendre compatible la vérité du principe, et par là-même les théories de l'accointance, avec l'intuition fondamentale de l'instrumentalisme sémantique, à savoir l'intuition selon laquelle la manipulation de l'appareil de la référence directe permettrait d'élargir le domaine des pensées singulières à des pensées produites en l'absence de toute accointance du sujet avec l'objet.

Recanati, qui défend pour sa part la thèse de la compatibilité d'une version modérée de l'instrumentalisme sémantique avec une version « libérale » des théories de l'accointance, avait déjà pointé dans *Direct Reference* la possibilité de ce genre d'interprétation de la théorie russellienne des noms propres. Je cite :

> (…) Russell lui-même a été attiré par une conception analogue des noms propres ordinaires. Parallèlement à la fameuse conception selon laquelle des noms

1. F. Recanati, *Direct Reference*, *op. cit.*, p. 178 ; « Singular Thought : In Defence of Acquaintance », *op. cit.*, p. 171 ; *Mental Files*, Oxford, Oxford University Press, 2012, p. 156.

propres ordinaires tels que « Bismarck » ne sont pas
d'authentiques noms propres, parce que les authentiques
noms propres exigent une accointance directe avec leurs
référents (le genre d'accointance que l'on ne peut avoir
qu'avec soi-même et ses données sensorielles), Russell
semble avoir soutenu une conception légèrement
différente, à savoir celle selon laquelle « Bismarck »
est un authentique nom propre, et ce, même si nous
ne sommes pas en mesure d'avoir les pensées que nos
énoncés contenant ce nom sont censés exprimer. La
pensée que nous avons lorsque nous entendons ou disons
« Bismarck était un fin diplomate » n'est pas la pensée
que cet énoncé prétend exprimer, soutient Russell, parce
que cette pensée ne nous est pas accessible ; elle n'est
accessible qu'à Bismarck lui-même. Et c'est parce
des noms propres ordinaires tels que « Bismarck »
sont, d'après cette conception, d'authentiques noms
propres qu'ils exigent de leur utilisateur qu'ils soient en
accointance avec leurs référents (condition qui n'est pas
satisfaite lorsqu'une autre personne que Bismarck fait
usage du nom « Bismarck ») ; c'est aussi la raison pour
laquelle un énoncé dans lequel figure un nom tel que
« Bismarck » est censé exprimer une pensée singulière
– pensée qu'un utilisateur ordinaire du nom ne saurait
avoir [1].

Cette interprétation est, de l'aveu de Recanati,
« non-classique » [2] parce que l'interprétation classique
considère (à juste titre) Russell comme un représentant
du descriptivisme aussi bien en matière de signification
des noms propres ordinaires que de pensées associées à
leur utilisation. Certains éléments de la théorie exposée

---

1. F. Recanati, *Direct Reference…*, *op. cit.*, p. 179.
2. F. Recanati, « Singular Thought : In Defence of Acquaintance ».

dans notre extrait semblent néanmoins pointer, comme le note Recanati, en direction d'une autre conception d'après laquelle les noms propres ordinaires *sont*, pour Russell, d'authentiques outils de référence directe et les pensées correspondantes d'authentiques pensées singulières, et ce, même si personne en dehors de l'objet nommé (ici, Bismarck) n'y a accès. Elle peut être qualifiée de *normative* dans la mesure où le nom propre est davantage défini, d'après cette conception, par la fonction sémantique qui *doit* être la sienne – à savoir, représenter directement l'individu nommé – que par celle qu'il a *de facto* dans la plupart de ses utilisations, à savoir, représenter une condition descriptive à satisfaire par un unique objet. Russell dit explicitement dans notre extrait, à propos du nom propre utilisé par Bismarck, qu'il « a l'usage direct qu'il *souhaite toujours avoir*, représentant simplement un certain objet, et non une description de l'objet » [1]. Et, à propos des propositions singulières exprimées par les jugements de Bismarck sur lui-même, il souligne qu'en dépit de leur inaccessibilité épistémique à d'autres utilisateurs du nom, celles-ci sont descriptibles au titre de ce qu'un utilisateur quelconque du nom *aimerait* affirmer, « à savoir : "B était un fin diplomate", où *B* est l'objet qui était Bismarck ».

L'accointance peut donc servir de norme de description de la catégorie sémantique du terme et de la nature des pensées qui lui sont associées, même dans les cas largement majoritaires où la condition n'est pas satisfaite. Il n'est, en ce sens, nullement contradictoire d'affirmer, d'un côté, que l'accointance *est* une condition de la pensée singulière et, de l'autre, qu'il existe des

---

1. Je souligne.

cas possibles ou avérés de pensées singulières sans
accointance (au sens strict ou large).

Cette position médiane est celle qu'envisage Recanati
dans son article de 2010 et son ouvrage de 2012 dans le
cadre d'une théorie cognitive spécifique de la singularité
de certaines de nos pensées : la théorie des fichiers
mentaux. D'après lui, l'ouverture d'un fichier mental sur
l'objet peut suffire à faire de la pensée en question une
pensée singulière, à condition que cette ouverture soit
motivée par quelque chose comme le fait de s'attendre à
être dans la relation exigée avec l'objet [1]. Cette relation est
celle de « l'accointance » entendue au sens large comme
une relation d'acquisition d'informations sur l'objet en
provenance de l'objet même. A la différence, cependant,
des versions fortes des théories de l'accointance qui
font de l'accointance effective une condition nécessaire
de la pensée singulière, la version faible envisagée par
Recanati parvient à ménager un espace pour les cas de
pensée singulière sans accointance parce que la non-
satisfaction de la condition de *facto* ne compromet en
rien l'exigence de se trouver dans la relation en question
avec l'objet. Cette version est compatible, selon lui, avec
une version modérée de l'instrumentalisme sémantique ui
reconnaît l'impact de certaines stipulations linguistiques
sur la nature de la pensée exprimée. Elle est, en outre,
compatible avec certains traits des versions fortes des
théories de l'accointance notamment avec l'idée qu'avoir
des pensées singulières (au sens de contenus-de-pensée

---

1. Cette attente est, pour Recanati, une condition suffisante mais,
notons-le, non-nécessaire de la pensée singulière. Voir, sur ce point,
F. Recanati, *Mental Files*, Oxford, Oxford University Press, p. 167-169.

singuliers) *requiert plus* qu'une simple stipulation
linguistique.

Recanati centre son analyse sur certains noms
descriptifs comme « Julius » – nom donné conventionnellement à l'inventeur de la fermeture Éclair – et autres
cas apparentés. Ce choix est aisément compréhensible :
ils se prêtent, en effet, difficilement à une réinterprétation
dans les termes d'une théorie de l'accointance au sens
large. La question est toutefois de savoir si, en l'absence
d'accointance au sens strict ou lâche, la pensée exprimée
peut être qualifiée à bon droit de *singulière*. Recanati
soutient, contre les versions fortes de la théorie de
l'accointance, qu'elle peut l'être à condition que le
sujet (i) ouvre un fichier mental sur la dénotation de la
description définie utilisée pour fixer le référent (ii) ait
quelque raison de le faire – il/elle peut (mais ne doit pas
nécessairement) ouvrir le fichier par anticipation d'une
future relation d'accointance avec l'objet (iii) ait raison
d'espérer (*be right in his/her expectation*) qu'une telle
relation se produise, même si de fait elle ne s'est pas
encore produite. Si (i), (ii) et (iii) sont satisfaits, la pensée
exprimée par la phrase contenant le nom descriptif peut
être qualifiée à bon droit de « singulière » au sens plein et
entier d'un véhicule-de-pensée singulier doté de contenu-
de-pensée singulier même si le sujet n'est pas (encore) en
relation d'accointance avec l'objet de sa pensée.

On notera ici un glissement, dans la formulation des
conditions de la pensée singulière, de l'accointance à son
attente (ou anticipation). Dire que le sujet *doit* s'attendre
avec raison à être en relation d'accointance avec l'objet
de sa pensée, c'est substituer une chose à une autre. La
norme n'est plus ici, à proprement parler, l'accointance

elle-même, mais une attitude mentale à adopter vis-à-vis de celle-ci. Le résultat est une psychologisation de la norme d'accointance plutôt qu'une interprétation normative de la relation cognitive correspondante. Cette psychologisation laisse, semble-t-il, intact le problème de savoir comment un simple changement d'attitude mentale vis-à-vis de l'objet de pensée peut modifier la nature de la pensée de l'utilisateur du nom descriptif, non pas simplement au sens psychologique du mot « pensée » mais aussi et surtout au sens sémantique de *contenu de pensée*.

CONCLUSION

Bien que le propos de Russell dans l'article soit davantage centré sur le contraste et le rapport entre deux types de connaissance – par accointance et par description, il est difficile de nier l'importance de notre extrait pour les débats actuels sur la nature de nos pensées. À la question de savoir si Russell est réellement parvenu à défendre de façon convaincante sa version du singularisme, j'ai répondu par la négative en raison de l'instabilité créée dans sa théorie par l'appel à deux principes gnoséologiques qui menacent à tout moment de la transformer en défense de la thèse adverse : le principe d'accointance et ledit « Principe de Russell ». Une stratégie plus récente de défense du singularisme a donc été envisagée en guise d'alternative à la version russellienne. L'avantage de cette stratégie, élaborée par Recanati dans un tout autre contexte théorique en s'appuyant une lecture non-classique de notre extrait, est qu'elle semble compatible avec la fausseté du principe de Russell. Pas plus que la stratégie russellienne, elle ne parvient cependant à justifier la nécessité de satisfaire la contrainte d'accointance sur les pensées singulières. Ce résultat peut nous conduire à suspecter que la source du problème se situe, en réalité, dans l'acceptation du principe d'accointance *sous quelque forme que ce soit.*

TEXTE 2

KENT BACH
Pensée et référence[1]

Si nous ne pouvons avoir des pensées *de re* sur les
choses du monde, nous ne pourrions les penser individuel-
lement que par description comme étant simplement
quelque chose d'une certaine sorte. Si *toutes* nos pensées
sur les choses ne pouvaient être que descriptives, notre
conception générale du monde ne serait que qualitative.
Nous ne serions jamais reliés en pensée à quoique ce
soit de particulier. Penser à quelque chose ne serait
jamais un exemple de relation consistant à avoir cette
chose « à l'esprit », comme on dit, ou comme l'ont dit
certains philosophes, un exemple de relation consistant
à être « en rapport », en « contact cognitif » ou à avoir
une certaine « intimité épistémique » avec elle. Mais,
expressions pittoresques mises à part, en quoi consiste
au juste cette relation spéciale ? Quelle qu'elle soit, elle
est différente de celle qu'implique le fait de penser à une
chose sous une description. A supposer même qu'il soit
possible de parler de relation dans ce dernier cas, il ne
s'agit sûrement pas d'une relation réelle (ou naturelle).
Puisque l'objet d'une pensée descriptive est déterminé

1. K. Bach, *Thought and Reference*, trad. fr. L. Soutif, Oxford,
Clarendon Press, 1994, p. 12-13.

SATISFACTIONNELLEMENT, le fait que la pensée en question porte sur cet objet ne requiert aucune relation entre la pensée et l'objet. L'objet d'une pensée *de re* est, quant à lui, déterminé RELATIONNELLEMENT. Pour que quelque chose soit l'objet d'une pensée *de re*, il doit entretenir avec cette pensée même un certain type de relation.

La relation qui fait de quelque chose l'objet d'une pensée *de re* est une relation causale – d'un type spécial, comme nous aurons l'occasion de l'expliquer. Il n'est pas nécessaire de connaître sa nature précise pour être sensible au fait décisif suivant : étant de nature causale, elle ne peut relier les objets qu'avec des occurrences de pensée (*thought tokens*), non avec des types de pensée (*thought types*). Les entités abstraites ne peuvent tout simplement pas entrer en relation causale les unes avec les autres. Une conséquence importante de ce fait est que différentes occurrences du même type peuvent porter sur différents objets, et donc, avoir des conditions de vérité différentes. Naturellement, cela ne saurait être vrai si les types de pensées *de re* sont individués en partie par leurs objets. Je défendrai pour ma part la conception selon laquelle ils peuvent (et doivent) être individués étroitement, sans mention de leurs objets. L'idée est qu'un type de pensée *de re* consiste en une certaine manière de penser à un objet, plus une certaine manière de penser à une propriété. Ce que j'affirme, donc, c'est qu'une manière de penser à un objet ne détermine pas l'objet d'une occurrence de pensée. En d'autres termes, si nous appelons (à la suite de Frege) une manière de penser à quelque chose son MODE DE PRÉSENTATION, l'objet n'est pas déterminé par son seul mode de présentation.

Les modes de présentation *de re* fonctionnent comme des indexicaux mentaux. Ils déterminent la relation contextuelle qu'une chose doit entretenir avec une pensée pour être l'objet de cette pensée même. Comme le dit si bien McGinn (1982, p. 209), l'objet « est déterminé par l'occurrence d'une représentation *dans* un contexte, non par le biais d'une représentation *du* contexte ». Comme nous le verrons, cette façon pour l'objet d'être déterminé présente des similitudes remarquables avec la façon dont, selon les partisans de ce que l'on qualifie communément de théorie *causale* de la référence, les référents des noms propres sont déterminés.

Puisque les modes de présentation *de re* fonctionnent comme des indexicaux, les pensées dans lesquelles ils figurent ne sont pas propositionnelles. Je veux simplement dire par là qu'elles n'ont pas de conditions de vérité indépendantes du contexte – sans faire de supposition à propos du statut ontologique des propositions. Burge (1977) a été le premier à remarquer qu'elles doivent être reliées contextuellement à un objet pour déterminer une condition de vérité. Ce qui veut dire qu'il n'y a rien d'inhérent à une pensée non-descriptive, *de re* qui fasse de celle-ci une pensée sur quelque objet en particulier. Comme le dit Burge, il n'y a aucune espèce de symbole de pensée qui doive désigner un certain objet à l'exclusion d'autres objets. Le même symbole de pensée peut sélectionner différents objets dans différents contextes.

COMMENTAIRE

Ce texte est issu de la première partie du livre du philosophe américain Kent Bach, intitulé *Pensée et Référence* et consacré dans l'ensemble aux problèmes de la référence et de la pensée singulières. L'extrait choisi propose, plus précisément, une caractérisation générale préliminaire des pensées singulières ou *de re* [1].

Après avoir esquissé un argument en forme de *modus tollens* en faveur du singularisme, l'auteur se demande quel type de relation est requis entre la pensée et son objet pour qu'elle puisse prétendre au titre de pensée *de re*. Si la seule façon pour une pensée de porter sur des particuliers du monde était de porter sur eux *via* la satisfaction par ces derniers d'une condition descriptive – du type *le tel-et-tel*, toutes nos pensées sur le monde, y compris celles qui paraissent être singulières, ne seraient au fond que des pensées descriptives ou générales. Pour que le singularisme soit vrai, il faut donc admettre, selon Bach, qu'il existe une autre manière pour un objet particulier d'être déterminé comme *l'*objet de telle ou telle pensée, à savoir non pas satisfactionnellement mais relationnellement. À la limite, on pourrait soutenir, comme l'auteur, que la satisfaction d'une condition

---

1. Pour K. Bach, « singulier » et « *de re* » sont synonymes. Je les utiliserai donc ici indifféremment.

descriptive par l'objet de pensée n'est pas une relation réelle puisque ce dernier n'y est jamais conçu que comme ce qui satisfait (de façon unique) une certaine condition et, donc, n'est pas *lui-même* un constituant de la pensée.

La thèse défendue ici par Bach est que les pensées *de re* existent et que leur objet est déterminé non pas par la représentation (par le sujet) de conditions descriptives à satisfaire, mais par la relation causale entretenue contextuellement par tel objet avec telle occurrence de représentation mentale. Elle appartient donc au genre des théories dites « causales » de la pensée singulière inspirées des théories de la référence du même nom [1]. Ces théories affirment qu'une condition à la fois nécessaire *et* suffisante pour qu'une pensée soit singulière ou *de re* est qu'elle soit fondée sur une relation causale d'un type spécial entre le sujet et l'objet particulier de la pensée ; typiquement, une relation consistant pour le sujet à acquérir des informations en provenance de l'objet, soit directement (par la perception ou la mémoire), soit indirectement (*via* le témoignage d'autrui). Mais, à la différence de la plupart de ceux qui défendent ce genre de théorie, Bach soutient que la propriété qu'ont certaines de nos pensées de porter sur des objets particuliers (au un sens fort, causal, de « porter sur ») n'est pas une caractéristique intrinsèque ou essentielle de celles-ci [2].

---

1. Les théories causales de la *référence* – initialement élaborées par Kripke, Donnellan et Putnam en guise d'alternative aux théories descriptivistes – soutiennent que les noms propres et les termes d'espèces naturelles (entre autres) réfèrent en vertu d'une relation (historico-) causale entretenue par ceux-ci avec leur référent ; non en vertu d'un sens (*Sinn*) ou d'un ensemble de descriptions associées par l'utilisateur au porteur de ces expressions.

2. Autrement dit, K. Bach défend une version spécifique, non-essentialiste, de la théorie causale de la pensée singulière.

Comme il le dit dans notre extrait, « il n'y a rien d'inhérent à une pensée non-descriptive, *de re* qui fasse de celle-ci une pensée sur quelque objet en particulier ».

Le but de mon commentaire est d'essayer de comprendre ce qui motive et justifie cette affirmation pour le moins surprenante. Un élément-clef de la théorie de Bach est, comme nous le verrons, l'introduction de la distinction entre *occurrences et types* de pensée *de re* (ou pensées *de re-types*). Bien que cette distinction permette de faire face à certaines objections auxquelles se heurtent les théories essentialistes et instrinsécalistes orthodoxes, j'essaierai de montrer qu'elle s'appuie sur un postulat contestable et qu'elle ne parvient donc pas à opérer le genre de restriction qu'elle voudrait opérer sur la portée de la thèse adverse.

L'OBJECTION DES OBJETS
DE PENSÉE QUALITATIVEMENT IDENTIQUES

La théorie de Bach a, comme je l'ai dit, l'avantage de pouvoir faire face à une objection à laquelle se heurtent les conceptions *essentialistes* ou *intrinsécalistes* des pensées *de re*. Avant de présenter l'objection, je m'efforcerai de préciser ce qu'il faut entendre par ces deux adjectifs.

Ces conceptions, largement dominantes dans la littérature au point d'en être venues à constituer l'orthodoxie, affirment d'une part que les pensées *de re*, à la différence des pensées générales ou *de dicto*, sont individuées par l'identité de l'objet sur lequel elles portent et, d'autre part, qu'elles le sont essentiellement [1].

---

1. Comme le souligne A. Woodfield dans *Thought and Object : Essays on Intentionality* (Oxford, Clarendon Press, 1982, p. v) et comme on pouvait s'y attendre, ces conceptions sont directement inspirées des théories de la référence et de l'essence de Kripke-Putnam.

Par « essentielle », il faut entendre ici une propriété que l'entité ne peut manquer d'avoir sans cesser d'être ce qu'elle est – en termes modaux : possédée par celle-ci dans toutes les mondes possibles dans lesquels elle existe ; par « intrinsèque », une propriété possédée par cette entité indépendamment de sa relation à d'autres entités.

Il y a de bonnes raisons d'endosser ce genre de conception. L'une d'elles est qu'elle s'accorde apparemment bien avec nos intuitions sur les propriétés sémantiques des énoncés correspondants. Considérons une énonciation quelconque de la phrase suivante :

(8) Le son de *cet* instrument est particulièrement désagréable.

Intuitivement, (8) exprime des propositions singulières différentes selon le contexte dans lequel elle est proférée, composées de l'objet auquel réfère le démonstratif en contexte et de la propriété qui lui est attribuée. Supposons qu'en prononçant (8), je pointe en direction de ce que j'estime être (à tort ou à raison) l'instrument causalement responsable (*i.e.* la source) de mon expérience auditive. Appelons-le *Cavaquinho 1*. Supposons à présent que la même phrase soit prononcée quelques instants après, toujours en pointant en direction de ce que j'estime être l'instrument responsable de mon expérience auditive désagréable, mais qu'entre-temps Cavaquinho 1 ait été remplacé par un instrument numériquement distinct mais qualitativement identique – appelons-le *Cavaquinho 2*. On peut imaginer par exemple que Cavaquinho 2 produise chez le sujet exactement la même sensation auditive désagréable alors même que cet instrument a été acheté un autre jour chez un autre luthier. Intuitivement, même si le sujet n'est pas capable de distinguer sur la base de son expérience auditive les deux instruments, le démonstratif en (8) réfère dans ce nouveau contexte à un autre objet et exprime ainsi une proposition singulière différente composée de Cavaquinho 2 et de la propriété de produire le son en question. C'est justement ce qu'affirment les théories causales de la référence singulière, à savoir que le démonstratif en (8) réfère en contexte à la source de l'expérience auditive du sujet indépendamment du fait qu'il (ou elle) soit capable de distinguer l'objet en question de tout autre objet qualitativement identique. Il semble, en outre, que cette théorie soit transposable comme telle au rapport de la pensée à son objet, surtout si le genre de relation exigé est de type non-satisfactionnel.

Si c'est le cas, il paraît alors naturel d'affirmer non seulement que la pensée ici exprimée est individuée par l'objet sur lequel elle porte – au sens où un changement d'identité de l'objet implique(rait) un changement correspondant de pensée, mais qu'elle l'est intrinsèquement et essentiellement. À supposer, par exemple, que le référent n'existe pas, comme c'est le cas lorsque nous hallucinons sa présence, aucune « pensée » (au sens sémantique *et* psychologique du terme) n'est alors exprimée, car il semble difficile d'admettre qu'il puisse y avoir des épisodes de pensée sans contenu sémantique. Si une pensée individuée par un objet numériquement distinct du premier diffère de la première, une non-pensée *a fortiori* diffère d'une pensée individuée par quelque objet que ce soit.

Le problème de ce genre de conception est qu'elle ne rend compte que d'une *partie* de nos intuitions à propos de l'identité des pensées exprimées par différentes énonciations de (8). Or, il y a un sens tout aussi intuitif dans lequel on peut dire que la *même* pensée est exprimée dans deux contextes différents par les deux énonciations de (8). La pensée est la même parce qu'il n'existe aucune différence au point de vue des modes d'apparition entre Cavaquinho 1 et Cavaquinho 2 relativement à une modalité sensorielle donnée – ici, auditive. On pourrait même imaginer qu'aucun instrument ne soit causalement responsable de mon expérience auditive désagréable et que le son entendu soit simulé par ordinateur. (8) n'en continuerait pas moins d'exprimer une pensée en tout point identique à celle exprimée par les deux autres énonciations de la même phrase. Les théories essentialistes ou intrinsécalistes ne parviennent pas à rendre compte de ce fait parce que le seul contenu de pensée disponible est, d'après elles, le contenu sémantique individué par le référent du démonstratif en contexte. Telle est, en substance, l'objection.

Une théorie qui admettrait au contraire qu'il existe un autre contenu que le contenu sémantique, individué indépendamment de ce dernier, eu égard auquel les pensées exprimées par les trois énonciations de (8) peuvent être jugées identiques aurait certainement l'avantage de pouvoir rendre compte de la gamme complète de nos intuitions concernant l'identité ou la différence des pensées en jeu. C'est précisément le cas de la théorie de Bach. Il existe, d'après lui, une autre manière pour les pensées singulières ou *de re* d'être individuées que par leur contenu sémantique « large », sensible au contexte. Les mêmes pensées sont également individuées « étroitement » par les modes psychologiques de présentation associés au référent et que Bach identifie à des façons-types de penser (entre autres choses) à l'objet référé. Or, puisqu'aucune différence n'existe de ce point de vue entre les trois énonciations de (8), la pensée *de re* exprimée est en un sens la même [1]. Il s'ensuit qu'il n'y a rien d'inhérent à cette pensée qui fasse de celle-ci une pensée portant essentiellement sur tel objet plutôt que tel autre. « Il n'existe aucun moyen », comme le dit Bach, « de capter en pensée la « particularité » d'un objet, car la pensée aurait pu tout aussi bien, eu égard à son contenu, porter sur un objet différent, si un autre objet avait été mis à sa place. » [2] Par « contenu », il faut bien sûr entendre ici son contenu mental étroit.

FORME LOGIQUE DES COMPTES RENDUS D'ATTITUDES ET ÉTATS PSYCHOLOGIQUES INCOMPLETS

Une autre objection à laquelle se heurte la conception essentialiste / intrinsécaliste orthodoxe concerne l'un de ses présupposés. D'après cette conception, les pensées *de re* sont, au même titre que les croyances *de re* par exemple, des attitudes qui ont pour contenu des *propositions* singulières. Ainsi, toujours d'après cette conception, (8) exprimerait dans différents contextes des pensées ayant pour contenus différentes propositions singulières ; l'identité de la proposition et de la pensée

1. Une autre manière de formuler le même point serait de dire que la théorie de Bach a l'avantage d'être compatible avec le « solipsisme méthodologique » en psychologie, c'est-à-dire avec le postulat selon lequel « aucun état psychologique, à proprement parler, ne présuppose l'existence d'un quelconque individu en dehors du sujet auquel cet état est attribué » (H. Putnam, « The Meaning of "Meaning" », *op. cit.*, p. 136). Voir, sur ce point, une version antérieure du chapitre I de *Thought and Reference* publiée par Bach sous le titre : « *De re* Belief and Methodological Solipsism », dans A. Woodfield (ed.), *Thought and Object*, *op. cit.*, p. 121-151.

2. K. Bach, *Thought and Reference*, *op. cit.*, p. 13, note 5.

dépendant essentiellement de celle du référent du démonstratif en contexte. Si ce genre de conception semble particulièrement adapté aux cas où un terme authentiquement référentiel figure en position de sujet grammatical – comme c'est le cas en (8) du démonstratif « cet instrument », elle paraît difficilement généralisable à toutes les situations dans lesquelles la présence de pensées singulières est détectée. On peut songer aux situations dans lesquelles les pensées (et autres attitudes) attribuées sont intuitivement singulières, mais où la forme du compte-rendu laisse clairement transparaître que la clause complétive n'exprime pas de contenu propositionnel *complet*.

Certains comptes rendus, nous l'avons vu, sont ambigus. Par exemple, celui-ci :

(9) Denis croit que quelqu'un dans cette pièce est un espion de la CIA [1].

(9) peut être entendu de deux façons qui correspondent, respectivement, aux deux paraphrases suivantes :

(10) Denis croit qu'il y a des espions de la CIA dans cette pièce.

(11) Il y a quelqu'un dans cette pièce tel que Denis croit que c'est un espion de la CIA.

En (10), la croyance attribuée ne porte sur aucun espion en particulier : Denis croit simplement qu'il y a des espions de la CIA dans la pièce où il se trouve ou, ce qui revient au même, que la propriété *x est un espion de la CIA* est instanciée par *quelque* personne présente

---

1. J'adapte ici un exemple de Quine dans « Quantifiers and Propositional Attitudes », *op. cit.*, p. 178.

dans la pièce. Elle est intuitivement générale. En (11), la croyance attribuée porte bien sur un individu particulier présent dans la pièce où se trouve Denis. (11) attribue à Denis la croyance, à propos d'un certain individu, que c'est un espion de la CIA. Cette croyance, intuitivement singulière, motive un type caractéristique d'action que (10) ne motive pas nécessairement. Par exemple, Denis entreprendra peut-être à un moment ou à un autre de démasquer l'espion en question. Affirmer (11) a donc valeur d'explication rationnelle de son comportement [1].

(9) est ambiguë parce que la portée relative des opérateurs présents dans le compte-rendu peut être interprétée de deux façons qui correspondent en gros aux paraphrases (10) et (11). Cette ambiguïté peut être levée si l'on utilise un système symbolique de représentation de la forme logique du compte rendu qui manifeste clairement cette différence de portée relative des opérateurs :

(10.s) $C_d \exists x (Ex \land Pxd)$

(11.s) $\exists x \, Pxd \, C_d \, Ex$ [2]

En (10.s), le quantificateur existentiel ($\exists x$) tombe sous la portée de l'opérateur de croyance relativisé à la personne de Denis (C_d). En (11.s), c'est l'inverse.

Ces deux façons de représenter le contraste entre une croyance intuitivement générale et une croyance intuitivement singulière mettent en évidence une importante différence sémantique entre (10.s) et (11.s).

1. Plutôt que du contraste entre croyance générale et singulière, Quine parle dans l'article du contraste entre deux *sens*, relationnel et notionnel, de « croire ». Cette différence est simplement terminologique.

2. *Ex* et *Pxd* symbolisent ici respectivement « *x* est un espion de la CIA » et « *x* se trouve dans cette pièce (*i.e.* dans la pièce où se trouve Denis) ».

Dans le premier cas, la croyance attribuée est générale parce que portant sur un *dictum* ou contenu propositionnel *complet* exprimé par la clause complétive : « il y a des espions de la CIA dans cette pièce ». Ce contenu comme tel est susceptible d'être évalué comme vrai ou faux. Dans le second cas, la croyance attribuée (à Denis) est singulière ou *de re* parce que portant en partie sur une chose (*res*) – personne particulière, en partie aussi sur une propriété – celle d'être espion de la CIA. Mais puisque la propriété sur laquelle elle porte est exprimée par une formule ouverte qui, en tant que telle, n'est pas susceptible d'être évaluée comme vraie ou fausse, il existe une différence sémantique importante entre (10.s) et (11.s).

Burge, qui a été le premier à mettre en évidence cette différence sémantique entre les deux styles d'attribution, la présente de la façon suivante :

> Plus généralement, les attributions purement *de dicto* font référence à des propositions complètes – à des entités dont la vérité ou la fausseté est déterminée sans être relative à une application ou interprétation dans un contexte particulier. Les locutions *de re* portent sur des prédications au sens large. Elles décrivent une relation entre des phrases ouvertes (ou ce qu'elles expriment) et leurs objets [1].

Bach s'appuie à son tour sur cette façon d'expliquer la différence sémantique en jeu pour en tirer des conclusions sur la nature des états psychologiques correspondants. Les pensées ou croyances *de re* ayant pour contenu des propositions incomplètes ne sauraient être conçues comme des états psychologiques complets.

1. T. Burge, « Belief *De Re* », *The Journal of Philosophy*, vol. 74, n°6, p. 343.

Ils ne le deviennent que lorsqu'on spécifie la façon dont le contenu prédicatif (exprimé par la formule ouverte en 11.s) s'applique à la chose (*res*) sur laquelle ils portent par ailleurs. Or, cette application ne peut s'effectuer, pour Bach comme pour Burge, que *contextuellement* par la spécification d'une relation (causale) dans laquelle la chose doit se trouver vis-à-vis de telle représentation mentale pour être *l'*objet de cette représentation. Dans la mesure où différents types de relations *de re* peuvent être entretenues, d'après Bach, par un objet particulier avec telle représentation mentale particulière, il existe toute une variété de pensées singulières ou *de re* (perceptives, mémorielles, communicationnelles) susceptibles d'être attribuées à un sujet [1]. Toutes partagent, cependant, la propriété de déterminer leur objet contextuellement par un certain type de relation causale entretenu par ce dernier avec celles-ci. En ce sens, les pensées singulières ou *de re* peuvent être caractérisées généralement comme des états *indexicaux* auxquels il n'est toutefois pas essentiel de porter sur tel ou tel objet particulier.

On objectera que cette caractérisation générale des pensées singulières est fortement dépendante non seulement d'un style, mais d'un contexte particulier d'attribution et qu'elle semble, pour cette raison même, difficilement transposable à d'autres contextes. Je pense aux contextes dits « transparents » dans lesquels les termes singuliers en position de sujet grammatical ont leur référence habituelle, comme en (8), et où la présence de pensées singulières est intuitivement détectée conformément aux critères usuels de référentialité.

---

1. K. Bach explore cette variété au chapitre II de la première partie de l'ouvrage.

Mais ce serait oublier que le style et le contexte d'attribution ne déterminent pas la nature des états attribués, comme le montre le fait qu'il soit possible d'attribuer des pensées *de re* en utilisant un terme singulier dans la clause complétive sans que celui-ci ait sa référence habituelle. Imaginons que j'attribue à Denis la pensée que Pelé est le plus grand joueur de football de l'histoire. Le nom propre « Pelé » est utilisé ici de façon opaque parce que la substitution d'un terme coréférentiel est susceptible de modifier la valeur de vérité de l'énoncé. Il se peut, par exemple, que Denis ne croie pas qu'Edson Arantes do Nascimento (vrai nom de Pelé) soit le plus grand joueur de football de l'histoire. Mais de ce que le terme singulier ne soit pas ici utilisé pour référer, il ne s'ensuit pas que la pensée attribuée à Denis soit générale (ou de *dicto*). Il se peut que la différence de conceptions ou de « sens » impliquée dans le compte rendu soit pertinente pour celui qui l'attribue, non pour la personne à laquelle elle est attribuée. Dans ce cas, l'attitude attribuée est *de re* (*i.e.* singulière) quoique le contexte dans lequel s'opère l'attribution soit référentiellement opaque. Et inversement, des pensées *de dicto* (*i.e.* générales) peuvent être attribuées dans des contextes référentiellement transparents au moyen de styles d'attribution caractérisables syntaxiquement comme *de re* ; comme cela semble être le cas dans le compte rendu suivant fait par Jack l'Éventreur :

(12) La police croit que je suis fou.

Le contexte d'attribution est ici transparent parce que la substitution de « je » par une expression coréférentielle, comme « Jack l'Éventreur », ne modifierait sans doute pas la valeur de vérité de l'énoncé. A supposer qu'il soit vrai,

(12) continuerait de l'être malgré cette substitution. Pour autant, la croyance attribuée n'est pas *de re* (singulière) parce que ce que croit la police au moment où (12) est énoncé est vraisemblement que *la personne responsable de tous ces meurtres de prostituées dans le quartier de Whitechapel* est folle. Cette croyance est typiquement descriptive, c'est-à-dire générale.

Le compte rendu d'attitude peut donc être *de re* ou *de dicto* et le contexte d'attribution transparent ou opaque sans que cela détermine la nature des pensées attribuées. La caractérisation générale des pensées singulières ou *de re* comme pensées dont le contenu reste à compléter par une interprétation en contexte de la formule ouverte ne dépend pas, en ce sens, d'un contexte ni d'un style particulier d'attribution, même si certains styles d'attribution ont le mérite de rendre cette idée plus intuitive d'un point de vue logique.

ANTI-ESSENTIALISME ET INTRINSÉCALISME MODÉRÉS

Les objections exposées dans les sections précédentes suggèrent que la conception essentialiste orthodoxe n'est pas adéquate. Mais le fait qu'elle ne le soit pas ne nous oblige pas à rejeter les principes sur lesquels elle repose. Dans sa version modérée, l'anti-essentialisme accepte la vérité de ces principes tout en limitant leur portée. Il accepte, en d'autres termes, l'idée qu'une pensée singulière puisse être essentiellement individuée par l'identité de l'objet sur lequel elle porte à condition de limiter sa portée aux occurrences (*tokens*) de représentations mentales – par opposition aux pensées ou représentations mentales-types. Comme le souligne Bach,

> L'idée que les pensées *de re*, à la différence des pensées descriptives, portent essentiellement sur leurs objets (…) est vraie des occurrences de pensée *de re* puisque l'objet entre dans les conditions de vérité de l'occurrence. En revanche, elle n'est pas vraie des types de pensée *de re* puisque différentes occurrences du même type peuvent avoir différents objets [1].

Nous avons vu ce qui motivait cette conception. Il reste maintenant à voir ce qui la justifie. Dans notre extrait, l'auteur avance l'argument suivant. Les pensées singulières ou *de re* étant typiquement des pensées dont l'objet est déterminé non satisfactionnellement par une certaine relation causale entretenue en contexte avec certaines occurrences de pensée, seules ces dernières sont individuées de façon essentielle par leurs objets. Les types étant par définition des entités abstraites, sans localisation spatio-temporelle ni efficacité causale, les pensées *de re*-types ne sauraient entretenir ce genre de relation avec leurs objets.

On rétorquera que la notion même de pensée *de re*-type fait problème, car en l'absence d'instanciations concrètes du type, rien ne permet *a priori* de distinguer une pensée *de re* étroitement individuée d'une pensée générale individuée par des modes de présentation descriptifs. Et, de fait, Bach soutient que les modes de présentation psychologiques dont se composent les pensées *de re*-types ne déterminent à eux seuls aucun objet de pensée. À cet égard, ils ressemblent étrangement à des modes de présentation descriptifs insensibles au contexte d'énonciation/de représentation. Comme le note très justement Recanati, d'après Bach :

1. K. Bach, *Thought and Reference*, *op. cit.*, p. 15.

> Si je perçois une pomme en face de moi et pense qu'elle est verte, le même mode de présentation (perceptif) fait occurrence dans ma pensée que la pomme perçue soit la pomme A ou la pomme B, à condition que ces dernières soient qualitativement indiscernables ; la pomme que je perçois fait partie du contexte et ma pensée, étroitement conçue, est indépendante du contexte. Ma pensée, étroitement conçue, n'est pas affectée si une pomme est remplacée (à mon insu) par une autre alors même que je pense : « cette pomme est verte ». La pensée est également la même s'il n'y a, en réalité, pas de pomme et si j'hallucine [1].

D'un autre côté, quelque chose distingue fondamentalement les modes de présentation *de re*, en particulier – mais non exclusivement – perceptifs, des modes de présentations descriptifs : tandis que ces derniers déterminent leurs objets indépendamment du contexte particulier de représentation, les premiers ne le font *que* relativement à un contexte de représentation particulier – à *telle* représentation perceptive particulière, par exemple. C'est ce que veut dire Bach lorsqu'il dit que les modes de présentation dont se composent les pensées *de re* « fonctionnent comme des indexicaux mentaux ». En tant que tels (*i.e.* en tant que *types*) ils ne déterminent aucun objet comme *l'*objet de *cette* pensée-ci. En tant qu'occurrences (*tokens*), cependant, non seulement ils déterminent, à la manière des sens (*Sinne*) frégéens, un objet (référent) comme *l'*objet de telle représentation, mais ils le font en contexte, c'est-à-dire relativement à telle occurrence singulière de représentation – ce que ne font pas les sens frégéens.

---

1. F. Recanati, *Direct Reference*, *op. cit.*, p. 99.

Ainsi, bien que l'essentialisme de la pensée singulière soit une théorie globalement inadéquate d'après Bach, car fausse eu égard aux pensées *de re*-types, les principes sur lesquels il repose peuvent être maintenus à condition d'en limiter la portée aux occurrences de représentations mentales.

DIFFICULTÉS

Je terminerai en exposant certaines difficultés auxquelles se heurte, à mon avis, la théorie de Bach. La première est celle à laquelle se heurtent plus généralement les théories composites des pensées singulières ou *de re*. Elle tient à l'incohérence de la notion de contenu étroit telle que l'utilisent ces théories. Bach, nous l'avons vu, considère que les pensées *de re*, contrairement aux pensées *de dicto*, sont des états psychologiques incomplets en ce sens que leur contenu sémantique n'est pas déterminé tant qu'aucune interprétation n'est donnée en contexte du contenu prédicatif (de la formule ouverte) sur lequel ils portent. Une autre manière de formuler le même point serait de dire que les états psychologiques en question sont des états *schématiques* à compléter par une interprétation en contexte du schéma. Si l'on admet par ailleurs la prémisse selon laquelle tout contenu mental, pour mériter le titre de représentation, doit être pourvu de contenu représentationnel, la notion de contenu étroit telle que l'utilise Bach semble incohérente puisqu'un schéma est dépourvu de contenu représentationnel tant qu'il n'est pas interprété [1].

---

1. Cette objection est anticipée par G. Evans dans *The Varieties of Reference*, *op. cit.*, p. 202. Pour un exposé plus systématique, voir F. Recanati, *Direct Reference*, *op. cit.*, p. 209-211.

Et même si l'on suppose, comme Bach, que certains contenus, comme les contenus de pensée étroits, sont non-représentationnels parce que non-propositionnels, la difficulté est de rendre compte dans le cadre de cette conception de la relation systématique qu'il semble y avoir entre une pensée *de re* fondée sur un état perceptif véridique et la même pensée *de re*-type fondée sur l'hallucination perceptive correspondante. Pour Bach, « nous devrions pouvoir décrire leur contenu de telle sorte qu'il soit possible pour une personne d'être dans le même état de croyance qu'elle perçoive ou non réellement un objet physique »[1]. Et la bonne façon de le faire serait, d'après lui, de décrire ce contenu en termes d'identité de percepts, c'est-à-dire de façons d'apparaître au sujet, relativement à telle ou telle modalité sensorielle. Il semble toutefois difficile de décrire le contenu étroit de l'hallucination perceptive *correspondant à telle (occurrence de) perception véridique* sans faire référence en quelque façon aux états de choses réalisés visés par cette dernière. Supposons que ma perception d'un état de choses impliquant l'existence d'une pomme rouge particulière sur cette table soit qualitativement identique à l'état dans lequel je ne fais qu'halluciner sa présence sur cette table – au sens où je ne saurais dire sur la seule base de mon expérience visuelle si j'hallucine ou non. Comment puis-je dire que l'hallucination en question est celle qui correspond à la perception véridique de l'état de choses impliquant l'existence de la pomme rouge et non à la perception véridique d'un *autre* état de choses sans me référer en quelque manière à ce qui est le cas lorsqu'il est véridiquement perçu? Il semble que la méthode

1. K. Bach, *Thought and Reference*, op. cit., p. 20.

adverbiale utilisée par Bach ne permette pas de résoudre cette difficulté parce qu'une théorie de l'identité des contenus étroits ne peut pas seulement être une théorie de l'indiscernabilité des expériences perceptives; elle doit aussi être une théorie de la relation systématique entre les deux états. Et il ne peut pas y avoir de théorie de cette relation sans théorie du contenu représentationnel des états perceptifs en question.

J'en conclus qu'en dépit de ses efforts pour préserver certaines intuitions de la conception essentialiste orthodoxe, Bach ne parvient pas à justifier de façon convaincante sa limitation aux occurrences (*tokens*) de pensée *de re*. Il en faudrait toutefois plus pour lever les restrictions qu'il impose à la portée de cette thèse. Comme cette tâche ne saurait être accomplie dans le cadre ce commentaire, je me contenterai d'en pointer la réalisabilité.

TABLE DES MATIÈRES

Achevé d'imprimer en juillet 2021
sur les presses de
La Manufacture - Imprimeur – 52200 Langres
Tél. : (33) 325 845 892

N° imprimeur 210692 - Dépôt légal : août 2021
Imprimé en France